WANDERN MIT KINDERN IM FRANKENJURA

Für Anna, Ferdinand und Leopold

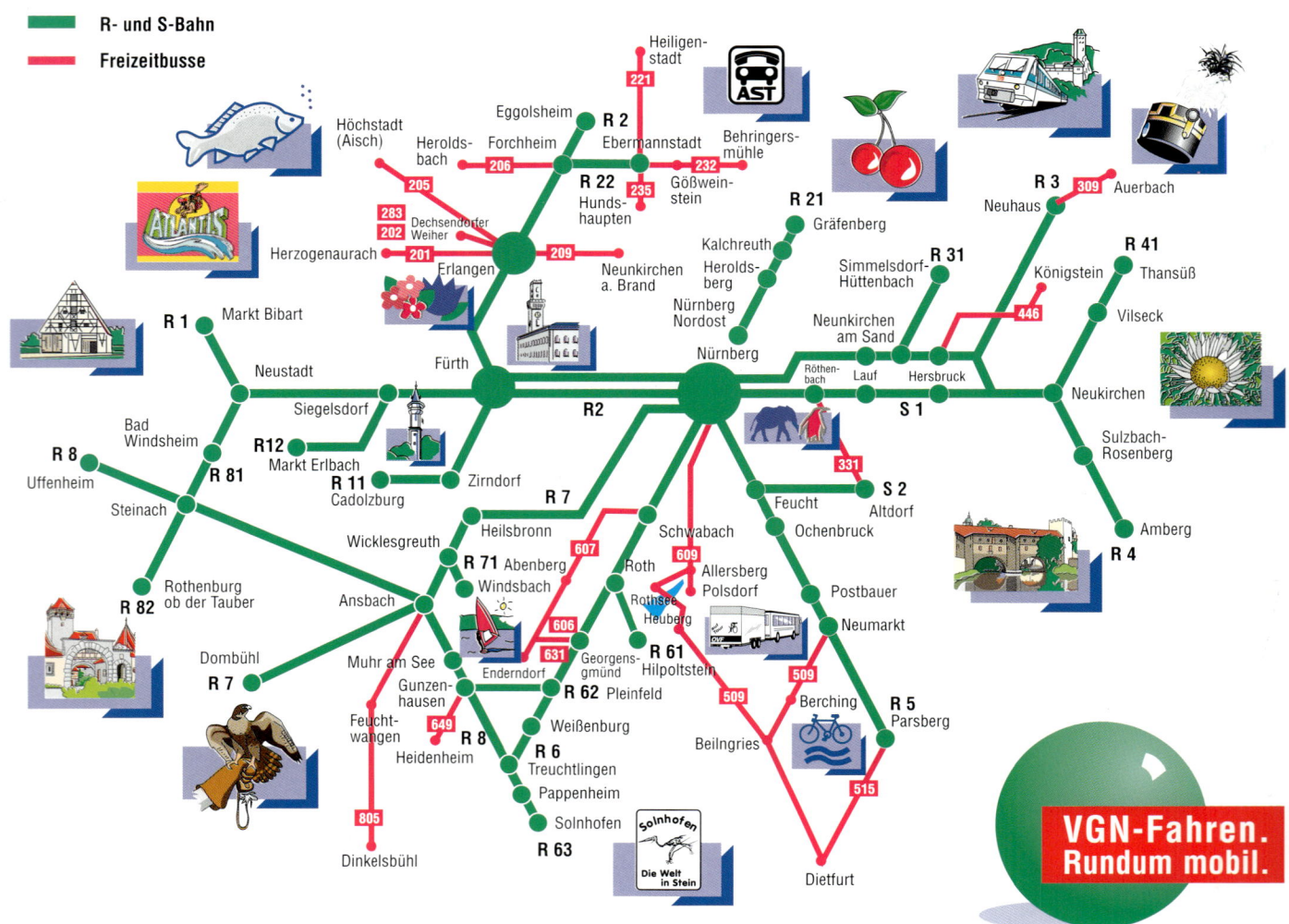

»Stadt, Land, Plus«
... und die Freizeit gehört uns!

Wochenend-Bonus
Am Samstag gekauft, ist der Sonntag mit drin!

Verkehrsverbund Großraum Nürnberg

Die Freizeit unbeschwert genießen – in der Stadt wie auf dem Land. Das **TagesTicket Plus** gilt den **ganzen Tag** oder das **gesamte Wochenende** lang; für **1–6 Personen**, davon max. 2 ab 18 Jahre. Mit 4 Preisstufen sind Sie ganz flexibel und günstig mobil. **Für Freizeit-Ziele nach Belieben!**

Die Deutsche Bibliothek –
CIP-Einheitstitelaufnahme
Schäfer, Max:
Wandern mit Kindern im Frankenjura: Mit dem VGN-Ticket in der Rucksacktasche / Max Schäfer. – 3. aktualisierte, neugestaltete und erweiterte Auflage – Nürnberg: Tümmels, 1999
 ISBN 3-921590-71-X

3. aktualisierte, neugestaltete und stark erweiterte Auflage 1999
© 1999 W. Tümmels Verlag, Nürnberg
Alle Rechte vorbehalten
Illustration und Gestaltung:
Storch Design
Alle Fotos (Leica): Max Schäfer, außer Seite 58: Wilfried Lorenz
Wanderskizzen: Erwin Schilder, Siegfried Biller
Gesamtherstellung: W. Tümmels Buchdruckerei und Verlag GmbH, Nürnberg
ISBN 3-921590-71-X

Titelbild: Kemnitzenstein
Rücktitel: Burglesauer Klettergarten

Vorderer und hinterer Vorsatz:
Andreas Würth und Anna Zeitler

Max Schäfer

Mit dem VGN-Ticket in der Rucksacktasche
WANDERN MIT KINDERN IM FRANKENJURA
Ein Buch für Jungeltern und Großeltern

ISBN 3-921590-71-X

Schnaufpause

Inhalt

Wandern mit Kindern 12

Mit dem VGN-Ticket

Auf geht's zur Walberlas-Kärwa! 16
Wiesenthau–Walberla–Schlaifhausen

Bauernbrot macht Wangen rot 26
*Muggendorf–Neudorf–Schwingbogen–
Neudorf–Muggendorf*

**Eine falsche Riesenburg und
eine echte Ritterburg** 37
*Behringersmühle–Riesenburg–
Behringersmühle
Streitberg–Binghöhle–Streitburg–
Ruine Neideck–Streitberg*

**Hängebauchschweine,
Wildschweine
und zottelige Urviecher** 48
*Wildgehege Hundshaupten:
Großer und kleiner Rundgang*

Nabelschau des Karstes 56
*Neuhaus–Krottensee–Maximiliansgrotte–
Steinerne Stadt–Vogelherdgrotte–
Krottensee–Neuhaus*

**Teufelstischhocker
und Steinschneckensammler** 66
Igensdorf–Teufelstisch–Guttenburg–Gräfenberg

**Es klappert die Mühle
am rauschenden Bach** 79
*Klaramühle–Heldmannsberg–Hofstetten–
Kirchthalmühle–Klaramühle*

Von der Teufelskirche zur Teufelshöhle 90
*Altdorf–Teufelskirche–Grünsberg–
Prethalmühle–Teufelshöhle–Altdorf*

**Schnorgackel, Schnabelfische
und Schlangensaurier** 99
*Solnhofen–12-Apostelweg–Eßlingen–
Maxberg–Solnhofen*

**Schweinshaxen und Rinderrippen
als Reiseproviant fürs Jenseits** 109
*Thalmässing–Waizenhofener Espan–
Waizenhofen–Landersdorf*

**Per Pedes und mit dem Veloziped
rund um den Altmühlsee** 118
*Muhr am See–Gunzenhausen
Gunzenhausen–Altmühlsee–Umrundung–
Gunzenhausen*

Mit dem Bahn-Ticket „Schönes Wochenende"

Mit dem Donaudampfschiffahrtskapitän durch die Weltenburger Enge   125
Kelheim–Kloster Weltenburg–Lange Wand–Klösterl–Kelheim

Kastelle und Kohorten, Kettenhemden und Panzerwesten   135
Pfünz–Pfünzer Kirchberg–Römerkastell–Pfünz Villa Rustica, Möckenlohe

Erklimm die Michelsberg-Ostwand   141
Kipfenberg–Schlossersteig–Michelsberg–Nordabstieg–Kipfenberg

Zum heil'gen Veit von Staffelstein sind wir emporgestiegen   149
Staffelstein–Staffelberg–Loffeld

Steckbriefe   158

Geschichten
zum Vorlesen, Vorherlesen und Nachlesen

Das wilde Heer auf dem Walberla	16
Die alte Hexe und der alte Backofen	26
Die Entführung	37
Wie ich mit der Nase fast auf einen Höhlenbärenknochen stieß	56
Der Teufelsspuk auf dem Eberhardsberg	66
Die Gespenstermühle oder wie einer furchtlosen Müllerin ein gehöriger Schrecken eingejagt wurde	79
Teufelswerk in der Teufelskirche	90
Der Kleinste ist der Aller-Allergrößte	99
Ein Volk von Machern und Menschenfressern	109
Wie den Gunzenhäusern ein Licht aufging, wohin ihre Altmühl fließt	118
Die versteinerte Jungfrau	125
Ein Besuch im Circus Maximus	135
Die Wichtelmänner auf dem Staffelberg	149

Mit Popocreme und Pampers und dem Hosenmatz in der Kraxe

Mit Kind und Kegel hinaus in Gottes freie Natur

Dieses Buch ist eine „unendliche Geschichte". Kinder werden seit eh und je in die Welt gesetzt, wachsen auf, begleitet von einem Gefühl des Staunens und Verwunderns über alles Rätselhafte und Geheimnisvolle auf dieser Mutter Erde. Auf Wanderspaziergängen können wir viel von unseren Kindern lernen. Grundsätzlich gilt: sie vorneweg laufen lassen. Nicht wir nehmen unsere Kinder mit in Gottes freie Natur – sie nehmen uns mit!
Familienväter haben mit diesem Buch ein Allheilmittel gegen die gähnende Sonntagslangeweile in der Hand. Ein wirksames Therapeutikum gegen drohendes Übergewicht vieler Kindergarten-Kinder und Abc-Schützen. Garantiert ohne Nebenwirkungen! Fragen Sie Ihren Arzt oder Apotheker. Kinder besitzen von klein auf einen ungebremsten Bewegungsdrang. Wir sollten sie motivieren für das Draußensein, das heißt „loslösen" von der Glotze, von der Massenproduktion „stellvertretender Erlebnisse", von einer „virtuellen Welt". Einfach so.
Mit den Kindern unterwegs sein bei Wind und Wetter. Öfter mal was Neues! Mit ihnen spielerisch wandern und wandernd philosophieren. „Erlebnisorientierung" ist das Schlüsselwort.
Das Strickmuster meines Buches, ausgetüftelt und praktiziert mit meinen Enkeln, fand spontane Anerkennung und uneingeschränkte Zustimmung bei allen Jungeltern und junggebliebenen Großeltern. Selbst die Allerkleinsten erhoben ein Freudengeschrei nach jeder Höhlen-, Felsenburg-, Felsblock-, Mühlen-, Fossilienacker- und Donaudampfervisite. Das will etwas heißen.
Für mich Antrieb und Ansporn, die vorliegende dritte Auflage auf den allerneuesten Stand zu bringen.
Die „Hauptdarsteller" sind die alten geblieben – klein, aber oho! Neu hingegen sind einige Familienabstecher, illustriert mit aktuellen Farbaufnahmen, und der ÖPNV (öffentlicher Personen-Nahverkehr) als das Salz in der Suppe.

Lauf, im Farbenrausch des Oktoberherbstes 1999

Der Verfasser

Fußnote als heißer Tip:
Degradieren wir unser Familienauto kurzerhand zum „Stehmobil" und lassen es einen Tag oder ein Wochenende lang im „Garagenstall" stehen. Der Umwelt und dem Familienbudget zuliebe. Der VGN (Verkehrsverbund Großraum Nürnberg) macht das Unmögliche möglich. Ich habe es ausprobiert. Allein der Versuch lohnt!

Wandern mit Kindern

Sonnenanbeter am Teichrand plumpsen beim Näherkommen ins Wasser. Einige der Froschmänner treiben mit weit gestreckten Beinen dicht unter der Wasseroberfläche. Imponiergehabe oder bloßer Bewegungstrieb? Das Freiluftfroschkonzert ist von enormer Lautstärke. Der Lockruf der Männer klingt wie das Gluckern eines Baches. Einige Stentorstimmen der Froschsänger dröhnen wie Trommelwirbel im Ohr. Zur Laichzeit musizieren die Frösche den lieben langen Tag. Nach den Flitterwochen sind sie ausgesprochene Nachtmusikanten. „Wenn die Frösche knarren, magst du auf Regen harren." Schon 100 Jahre zuvor wußten scharfsinnige Naturbeobachter, daß die Frösche genauso unsichere Wetterpropheten sind wie unsere Kalendermacher. Im Augenblick sind die Froschkritiker auf dem Holzweg. Die Wettermacher halten heute den Wasserfröschen die Stange, die genaugenommen keine Wetterfrösche sind. „Zunächst allgemein sonnig und trocken. Erwärmung auf 26 bis 30 Grad. Im Lauf des Nachmittags gebietsweise stärkere Quellbewölkung und örtliche Gewitter", meldet der amtliche Wetterbericht.

Auf leisen Sohlen schleiche ich mich an den Teichrand, Ferdinand folgt auf dem Fuß. Brennesseln mannshoch zwingen zu Umwegen. Ich lege den Zeigefinger an den Mund, pssst. Ferdinand plappert nichtsdestotrotz munter drauflos. Er kann einem ein Loch in den Bauch fragen mit seiner ewigen Warum-Fragerei.

„Warum schreien die Frösche so laut?"
„Sie schreien nicht, sie quaken."
„Warum?"
„Damit sie von den Froschfrauen gehört werden."
„Warum haben die Frösche einen Kropf?"
„Sie haben keinen Kropf, sondern eine Schallblase im Mundwinkel, die ihr Quaken verstärkt."
„Warum sind die Frösche so grün?"
„Damit sie von den Fischreihern im Gras übersehen werden."
„Warum haben die Frösche so breite Füße?"
„Ihre Füße sind ihre Schwimmflossen. Damit können sie besser schwimmen."
„Warum haben sie so eine lange Zunge?"
„Sie fangen die Mücken blitzschnell mit vorschnellender Zunge. Unter Wasser sind sie Mundschnapper."
„Haben die Frösche auch einen König?"
„Nein, den Froschkönig, der eine goldene Kugel aus einem tiefen Brunnen holte, gibt's nur im Märchen."
„Warum haben die Frösche so große Augen?"

Ich muß als Antwortgeber passen, drücke mich um eine Antwort herum, fasele etwas von Glotzaugen und besserer Rundumsicht, versuche, mit einer Geschichte aus meiner Schulzeit abzulenken, erzähle, wie ich als Schulbub grasgrüne Laubfrösche fing, die es damals noch in Massen gab, und sie für einen Groschen pro Frosch an eine Zoohandlung verkaufte, um mein Taschengeld aufzubessern. Der Zoohändler steckte meine Frösche in ein moosgepolstertes Einmachglas, die Froschleiter durfte nicht fehlen, und verkaufte sie gewinnbringend als „Wetterfrösche" weiter. „Warum fängst du jetzt keinen Frosch?" will Ferdinand wissen. „Weißt du, es gibt immer weniger Frösche bei uns, weil es immer weniger

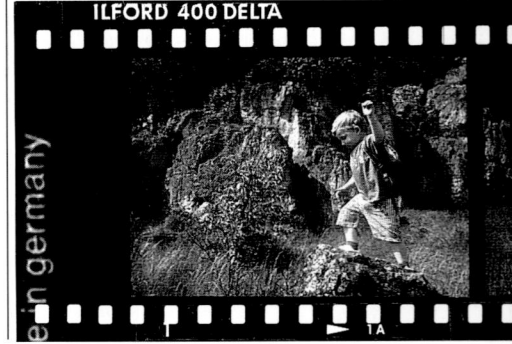

Tümpel- und Teiche gibt." "Warum?" weil die Leute so dumm sind und die kleinen Tümpel zuschütten.
Warum sollen wir die Frösche mit nach Hause nehmen? Sie fühlen sich doch im Teich am wohlsten, haben viel Platz und genügend Wasser." Das leuchtet Ferdinand zwar ein, „aber, Opa", gibt er zu bedenken, „wir haben doch zu Hause eine Badewanne."
Kinder im Frankenjura. Kinder in der Fränkischen und der Hersbrucker Schweiz. Kinder im Altmühltal. Die Spannbreite vom Staffelberg bei Staffelstein bis zum Michelsberg bei Kelheim, vom Querkelesloch bis zum Schulerloch, von Balthasar Neumann bis zu den Gebrüdern Asam wurde nicht mit dem Kilometermaß gemessen.

Ein Abenteuerspielplatz für Kinder, für die kleinen und für die großen, bestückt mit Burgen und Burgruinen, Felstürmen und Felswänden, Fossiliensteinbrüchen und Fossilienäckern, Höhlen und Höhlenruinen – zauberhaft schön und voller Geheimnisse. Tausendmal schöner, abwechslungsreicher und interessanter als die großen Freizeitparks.
Kinder wollen spielen.
Am Donau-Ufer:
Wer findet den farbigsten Kiesel?
Wer den rundesten?
Wer den größten, und wer den kleinsten?
Wer wirft am weitesten?
Wer läßt auf dem Wasser einen Stein wiederholt „zwischenlanden"?

Am Forellenbach:
Wer entdeckt zuerst eine Forelle?
Wer springt über den Bach – ohne Anlauf und mit Anlauf?
Wer balanciert auf einem Baumstamm hinüber?
Wer kennt die Blumen am Bachufer?
In einer Felsengrotte:
Wer kann sich am besten verstecken?
Wie tarne ich mich so, daß ich mich von der Umgebung kaum unterscheide?
Wer stöbert die Versteckten zuallererst auf?
Kinder wollen klettern.
Über Zäune, auf Leitern, auf Bäume, auf Felsen. Kleine Felsbrocken, „Findlinge" am Fuße der bizarren Dolomitfelsenriffe, regen

zum Klettern an. Probieren geht über Studieren. Kinder suchen Haltepunkte für Hände und Füße, ziehen und stemmen sich hoch, prüfen Gelenkigkeit und Gleichgewicht. Ein Mordsspaß für die Kleinsten. Die Größeren dagegen probieren bereits die drei Haltepunkte aus: "Einmal Arm und einmal Bein, dann wirst du immer sicher sein!" Selbstverständlich unter kundiger Anleitung im „Kinderklettergarten".

Kinder wollen Pflanzen und Tiere beobachten. Warum heißt die Silberdistel „Wetterdistel"? Stimmt es, daß die Lippe des Rotbraunen Frauenschuhs eine "Fliegenkesselfalle" ist? Welche Pflanze blüht früher im Jahr, der Seidelbast oder die Küchenschelle? Gibt es beim Froschkonzert der Wasserfrösche verschiedene Stimmlagen? Ist der Feuersalamander eine echte Mini-Echse? Wenn ich die Stimme des Kuckucks täuschend echt nachahme, erhalte ich dann eine Antwort? Wieso werden die Blattläuse von den Waldameisen besonders beschützt?

Kinder wollen Schätze suchen. Mit Geduld und Spucke sind sie als „Schatzsucher" am Werk. Frei nach dem Bibelwort: Suchet, so werdet ihr finden. „Steinschnecken" zum Beispiel, sogenannte Ammoniten. Man findet sie zuhauf auf den Kalkscherbenäckern der Jurahochfläche: Abdrücke der Schneckenhäuser oder Steinkerne der „Kopffüßer". Zum anderen Beispiel auf Schatzsuche in den Fossiliensteinbrüchen der Altmühlalb. „Dendriten" als Schatzfund garantiert. Kinder wollen Höhlen besuchen. Gefahrlose und abgesicherte Schauhöhlen am besten. Eine Höhle ist kein dunkles Loch für ein Kind. Sie ist eine Schatzkammer voller Geheimnisse. Die Grabesstille macht es zunächst sprachlos. Die kindliche Fantasie schlägt Purzelbäume: da halten Kaiser und Könige Schlaf, aber auch Höhlenbären, dort spuken Riesen und werkeln Zwerge. Höhlenteufel und Höhlendrachen werden beschworen. Lichtscheue Fledermäuse lehren das Gruseln, werden zu „Mini-Vampiren". Mit Karbidlampen bleibt der Zauber der Höhle gewahrt. Skurrile Tropfsteinformen werden als Tiere oder Gesichter von Menschen gedeutet, spitzkegelige Stalaktiten und kaskadenartige Stalagmiten bewundert. Kinder sind neugierig. Sie wollen wissen: Wer wohnte früher in diesem Schloß bzw. dieser Burg? Wer heute? Warum baute man Burgen mit Vorliebe auf Berggipfel und Felsen? War diese Burg eine Ritterburg oder eine Raubritterburg? Wer machte die Burg zu einer Ruine? Wieso waren die Römer aus Rom bei uns in Bayern? Warum bauten die Römer so viele Kastelle? Was trieben die Kelten in ihren „Viereckschanzen"? Geschichte zum Anfassen, Vergangenheit hautnah erlebt. Der „Pfiffikus", der kleine Schlaumeier, ist in unserem Buch der richtige Antwortgeber. Er läßt sich kein X für ein U vormachen, hat viel Grütze im Kopf und einen feinen Riecher für schwierige und fremde Wörter.

Kinder sind keine Umweltmuffel. Wer ist ein Umweltmuffel? Einer, der „Einwegflaschen" oder Getränkedosen in Rucksack spazierenträgt, der Brotzeitreste, Blechdosen, Plastiktüten und Alufolien in freier Natur verstreut, der keinen „Drecksack" im Rucksack für den privaten Müllrücktransport hat. Ein Naturschänder, der zwischen Mai und Oktober auf den Wiesen herumtrampelt wie ein Elefant im Porzellanladen, der geschützte Pflanzen pflückt oder mit Stumpf und Stiel ausgräbt, der Tropfsteine abschlägt und als „Muster ohne Wert" mit nach Hause nimmt. Kurzum, ein Störenfried der Natur, der gröhlend und kreischend kreuz und quer durch Wald und Feld zieht, dabei Nist-, Brut- und Zufluchtsstätten wildlebender Tiere stört.

Kinder sind nicht gleich Kinder. Kinder im Spielalter und im Vorschulalter verhalten sich anders als Kinder im Schulalter. Reifungsvorgänge im frühen Kindesalter spielen eine große Rolle für die Entwicklung des Kindes. Im bedeutsamen Stadium des Aufwachsens bis zum 6. Lebensjahr sind Eltern und Großeltern die maßgeblichen Sozialpartner. Aktives Bewegungsverhalten auf Wanderspaziergängen wirkt sich positiv auf die Persönlichkeitsentwicklung aus. Selbstbewußtsein und Selbstsicherheit steigen. Wir dirigieren und kontrollieren viel zu viel und fördern zu wenig Spontanverhalten und Selbständigkeit unserer Kinder.

Was machen wir zum Wochenende? Die übliche Gretchenfrage einer normalen Durchschnittsfamilie. Ganz einfach. Man nehme ein, zwei, drei Kinder bzw. Enkelkinder im Alter von fünf, dreieinhalb und zwei Jahren, stecke den Allerjüngsten in eine geeignete Kraxe (die billigste ist nicht immer die zweckmäßigste!), vergesse nicht Trinkflasche, Popocreme und Pampers, motiviere die älteren mit einer „Vorlesegeschichte" zum Wanderspaziergang, rüste sie mit Kinderrucksäcken (leichtgewichtiger Inhalt!) und Kindersportschuhen (Profil in der Sohle!) aus – und dann kann's losgehen. Kleinkinder sind weder Ästheten noch Volksmarschierer. Es ist sinnvoll, kurze Wanderstrecken zu wählen, keine Langstrecken. Schnauf- und Erholungspausen zwischen Anspannungsphasen sind selbstverständlich. Für Kinder ist die Brotzeit kein Pappenstiel. Sie wird zelebriert. Rasten bedeutet für die Kleinsten stets spielen. Wähle Pausenplätze mit Vorbedacht und Sorgfalt aus: Ein mit Felsblöcken garnierter Steilhang, ein Bach mit Bachkaskaden, eine verwunschene Burgruine oder eine halbdunkle Höhlengrotte versprechen Spielabenteuer besonderer Art. Verhaltensänderungen durch „Bekräftigungslernen", so die Sprache der Erziehungswissenschaftler, sind angesagt. „Das hast du toll gemacht." „Ich bin stolz auf dich." „Du steigst wie ein echter Bergsteiger." „Probier es noch einmal!" Bei den Größeren kann der Radius erweitert und die Schwierigkeiten gesteigert werden. Sie sind schwerer zu motivieren. Monotones Gehen wird abgelehnt. Sonntagsausflüge müssen kombiniert werden. Kinder unterwegs sind kleine Philosophen. Sie wollen über Frage und Antwort die Wahrheit ans Licht der Welt bringen, wie die Hebamme das Kind. Eine Methode des Denkens, die Sokrates scherzhaft "Hebammenkunst" nannte. Kinder staunen über alles Rätselhafte und Geheimnisvolle, empfänglich für alles, was da kreucht und fleucht, unbefangen und unverbildet. Kinder in freier Natur sind ideale Gesprächspartner. Erwachsene können viel lernen, wenn sie bei Wind und Wetter mit ihren Sprößlingen draußen herumtollen. Eltern müssen zu einer „kindlichen Naivität auf höherer Stufe" finden, damit sie ihren Kindern nicht ein für allemal den Spaß am Wandern nehmen. „Nur die Kinder wissen, wohin sie wollen", sagte der kleine Prinz (Antoine de Saint-Exupéry). Wissen Sie, was Ihre Kinder wollen?

Machen sie einmal, liebe Jungeltern und junggebliebene Großeltern, einen Versuch! Fördern sie das „Draußensein" lufthungriger Stadtkinder! Dazu brauchen wir allerdings Zeit, viel Zeit, kostbare Freizeit. Sind Eltern und Großeltern immer brauchbare „Modelle" für angemessenes Freizeitverhalten? Zeit haben für Kinder und Kindeskinder zahlt sich aus mit Zins und Zinseszins. Auf geht's! Ihre Kinder bzw. Enkelkinder werden bereichert nach Hause zurückkehren. Auf den folgenden Seiten finden Sie zahlreiche „Gebrauchsanweisungen", sind Sie sozusagen „live" dabei. Viel Spaß!

Auf geht's zur Walberlas-Kärwa!

Das wilde Heer auf dem Walberla

Das Walberla mit einer Sturmhaube. Donnergrollen drohend in der Ferne. Petrus schiebt Kegel über dem Regnitztal. Schwarzgraue Wolkenfetzen als Vorboten eines schweren Wetters. Im Nu ist der blaugelappte Himmel weggewischt. Langgestreckte Wolkenbänke, aus denen Türme aufsteigen. Eine Gewitterfront zieht auf. Geschwärzt der Bergbuckel der Ehrenbürg von einem Regenvorhang, der sich bis hinunter nach Kirchehrenbach zieht, so als brauste der „wilde Jäger" mit dem „wilden Heer" ins Tal. Der „Helljäger" mit breitkrempigem Schlapphut und wehendem Mantel auf einem ungestümen Rappen. Eine Geisterschar im Gefolge. Totenschädel glotzen dich an, grinsen höhnisch. Grobschädel und Dickschädel. Hundegebell und Donnergetöse, daß einem die Ohren gellen. Peitschenknallen und Jagdrufe: „Horridooooo". Geisterrufe: „Heeeee, heeeee ...". Ich schrecke zusammen, ducke mich unwillkürlich, mache mich so klein wie irgendmöglich, kauere auf dem Boden. Angst vor den Schreckgestalten der „wilden Jagd" oder den grellen Blitzen? Urplötzlich Löcher im Gewölk. Ein Rückstrahler der Sonne setzt dem sagen-

Der Samstagsausflug

umwobenen Walpurgisberg, Hexentanzplatz und Heidenkultstätte, einen Heiligenschein auf. Verschwunden der Spuk. Die „wilde Jagd" längst über alle Berge. Wach' ich oder träum' ich?
Einmal stürmte das „wilde Heer" in der Walpurgisnacht mit Saus und Braus vom Walberla gen Forchheim hinunter. „Hol über!" riefen die wandelnden Gerippe dem Fährmann an der Regnitz zu. Dem fuhr der Schreck angesichts der furchteinflößenden Gestalten in alle Glieder. Wachsbleich im Gesicht verweigerte er die Überfahrt. Sie drohten, ihn zu schikanieren und zu schinden, die Hölle heißzumachen. Wohl oder übel mußte er sich fügen. Mürrisch kettete er die Fähre los, stakte vorsichtig mit seiner ungewöhnlichen Fracht ans andere Ufer. Was sind wir schuldig?" fragten die Schreckgespenster. „Legt nur das Geld auf den Boden der Fähre", bat der Fährmann. Wieviel? „Nun ja, jeder nach eigenem Gutdünken." Als der Morgen graute, suchte der Fährmann nach seinem gerechten Lohn. Er fand nichts als einen Haufen alter, verrosteter Hufnägel. Bares auf die Hand wäre wohl besser gewesen. Der kluge Mann baut vor.
Die Geisterjagd auf der Ehrenbürg wurde wiederholt beobachtet. Augenzeugen berichteten – auf Ehr und Gewissen. Sollte dir Gleiches am hellichten Tag widerfahren, so vergiß nicht, dich auf den Boden zu werfen, mit dem Gesicht ins Gras. Tust du es nicht, so wird dich eine böse Krankheit ein Jahr lang heimsuchen. Kein Wunderdoktor kann helfen, keine Medizin wirken. Greif zur Selbsthilfe! Besteig das Walberla nach Jahr und Tag! Such den gleichen Platz auf dem Plateau, wo es nicht mit rechten Dingen zuging! Wirf dich ins Gras, und verbirg dein Gesicht! Du wirst auf der Stelle pumperlgesund.

Das Walberla war Treffpunkt des Hexenvolkes. Drei Kreuze mit „Dreikönigskreide" auf die Türen des Hauses und des Stalles gemalt, hielten die Hexen ab, in Haus und Hof einzudringen. Auch vor einem Rasenstück mit einem aufgepfropften Holunderzweig nahm das Hexenvolk Reißaus. Stinkender Holunder als Hexenschreckmittel. Vor den Viehställen lagen verrostete Eggen oder gekreuzte Heurechen mit den spitzen Zähnen nach oben. Aufspießer für neugierige Hexen. In der Hexennacht vom 30. April auf den 1. Mai wurden auf dem Berg Hexenfeuer angezündet. Bis in die jüngste Vergangenheit trieben die Dietzhofer die Hexen mit Schalmeien und Hupen aus.
Auf geht's mit Kind und Kegel zur Walberlas-Kärwa! Frei nach Victor von Scheffel:
„Ob Vorchheim bei Kirchehrenbach
Wolln wir zu Berge steigen,
Dort schwingt sich am Walpurgistag
Der Franken Maimarktreigen;
Der ist seit grauer Heidenzeit
Noch allem Landvolk teuer,
Schatzkind, halt Gürtel fest und Kleid,
Wir springen durch die Feuer!"
Bei Wiesentthau „wolln wir zu Berge steigen", dem Walberla hinterrücks aufs Haupt. Justament am vierten Tag nach der Hexennacht (Walpurgisnacht).

Abstieg vom Walberla

Das Walberla

Es ist schon ein Kreuz mit dem Kreuz und ein Teufelskreis mit den Rückenschmerzen. Alte Dorfbewohner rings um die Ehrenbürg dem „Walberla" der Franken, wissen Rat. Zur Kräftigung der Bauch- und zur Dehnung der Rückenmuskulatur empfehlen sie, durch eine Engstelle des „Hull-Loches" (Hohlen Loches) zu kriechen. Aber, oh je, ein riesengroßer schwarzer Pudel mit feurigen Kulleraugen soll am Eingang des Hohlen Loches, am Osthang des Walberlas, einen märchenhaften Schatz bewachen, diebstahlsicher verwahrt in einer eisernen Truhe.

Die ganze Großfamilie ist heute aufgeboten, das Walberla, den fränkischen Kirchweihberg, zu besteigen. Weder als Schatzgräber noch als Höhlenforscher, sondern als Bergfestbesucher. Nicht am ersten Tag des Wonnemonats Mai, wie früher gang und gäbe, sondern am ersten Maiwochenende. Ein moderner Triebwagenzug der Bahn AG bringt uns mit Sack und Pack von Forchheim nach Wiesenthau am Fuß des Walberla. Jahre zuvor mußten hier noch Fahrgäste „zum Ausstieg" Zugpersonal oder Zugführer vorher informieren und „zum Zustieg" am Bahnsteig dem herannahenden Zug rechtzeitig und deutlich bemerkbar machen! „Wo ist der Bahnhof?" fragen die Kinder. Die Wiesenthauer haben keinen. Wie weiter nach dem „Ausstieg"? Am Gasthaus „Eisenbahn" vorbei. Zirka 250 Meter Fußweg längs einer stark befahrenen Straße, dann bequemer Übergang (Straßeninsel). Die Weiherstraße bergauf nach Wiesenthau. Schreinerei Zametzer und Schloßweiher zur Linken.

Erster Anblick des stattlichen Schlosses auf einer Talterrasse. Massig und monumental, talbeherrschend, schier erdrückend Kirche und Pfarrdorf. Einstmals Bollwerk einer Herrschaft über unfreie Bauern. 31 granitene Treppen hoch zum Südflügel des Schlosses und zum rundbogigen Tor. Früher eine mittelalterliche Wohnburg, später ein prächtiges Renaissanceschloß. Stammburg und Stammschloß derer von Wiesenthau. Mächtige Rundtürme flankieren den Hauptbau. Die Mauer aus bestem Quaderwerk. Heute Hotel, Restaurant, Weinstube und Biergarten. Spezialität des Houses: eine „Raubritterplatte" für zwei Personen. Gab es eigentlich zur Zeit der alten Rittersleut' schon Messer und Gabel? Messer schon, aber noch keine Gabeln. Die Ritter zerlegten das Fleisch, falls es nicht schon vorgeschnitten war, mit dem Messer und aßen es mit den Fingern. Lauf um die Rundmauer herum, wirf einen Blick in die Sankt-Matthäus-Kirche (drei Grabdenkmäler der Familie von Wiesenthau), spaziere am Rathaus vorbei und schwenke in die Ehrenbürgstraße ein. Am Ende der Straße Panoromablick auf die Ehrenbürg, das Walberla mit seiner „Schokoladenseite". Seit einer Woche weißgewaschen, kirschblütenweiß, sozusagen im Brautkleid. Leo, angesichts des noch zu bewältigenden Höhenunterschiedes, kleinmütig: „Geht da kein Lift hinauf?" Stets bergwärts, der Nase und einem blauen Schrägstrich nach. Erster Querweg. Rechts ab, bis zu einem Baumwegweiser „Zum Walberla". Stetig steigend bis zum nächsten. Wiederum rechts beidrehen, genau zweihundert

Durchblick, Rodensteingipfel

Schritte, dann links steil bergauf auf einer Wiesenfuhre (eingezäunter Kirschgarten). Unfehlbar zu einem geräumigen Parkplatz, heute bestückt mit Imbißbude, Schiffschaukel und Bierzelt. Die Hütte der Forchheimer Bergwacht als Visavis. Bemaltes Schild am Wegrand. Ferdinand, nunmehr des Lesens kundig, liest vor: „Der Ochse brüllt nach Ochsenbrauch. Ich weiß es wohl, du kannst es auch. Für dich gilt doch die Tierverwandtschaft, in diesem Punkte in der Landschaft." Aufatmen der Kinder am Bergsattel. Sie rüsten zum Gipfelsturm. Kirchweihbuden und Karusselle in der Senke zwischen Ost- und Westgipfel. Bierzelte dort, wo sonst das Zelten verboten ist (Naturschutzgebiet!). Anna, Leo und Ferdinand pendeln von einem Stand zum anderen, probieren da und kosten dort: die Kinderschiffschaukel, das Super-Spickerspiel, ein Römer-Softeis, warme Erdnüsse und „Ehrbacher Küchle", das Stück zu zweifünfzig. Neuerdings hält sich der Festrummel in Grenzen, die Buden- und Bierzeltstadt ist schlanker geworden. „Lean Management" der Naturschützer auf dem Walberla. Gott sei's gedankt, dem Halbtrockenrasen zuliebe! Anna will es genau wissen: „Warum ist der nur halb trocken?" Sturmböen peitschen die Bayernfahne auf dem Westgipfel, blähen die Zeltbahnen der Bierzelte. Eisig der Wind als Vorbote kühler Meeresluft arktischen Ursprungs. Einstimmig gefaßter Beschluß des Familienrates: Aufbruch und Abstieg ins Gasthaus nach Kirchehrenbach. Schnell noch das obligate Gipfelfoto und ein kurzer Blick in die Kapelle. Leo zählt akkurat 17 Kerzen. Viele Pärchen drängen in das Kirchlein.

Die Patronin der Kapelle wird heute noch als Sinnbild der Fruchtbarkeit verehrt. Ein alter Volksglaube besagt, daß die Mädchen nur dann einen braven Mann bekämen, wenn sie in sieben aufeinanderfolgenden Jahren zur Bergkirchweih das Walberla besteigen. Ferdinand sorgt sich um die Figur der heiligen Walburga: „Die kann doch leicht geklaut werden. Ob die wohl echt ist?" In der Tat, das kleine, weltabgeschiedene Kirchlein wurde wiederholt von Einbrechern heimgesucht: 1606 wurden die Glocken gestohlen. 1962 nahmen Diebe drei barocke Figuren und eine gotische Holzplastik mit. Auch Nachbildungen waren vor Kleptomanen nicht sicher. Abstieg unmittelbar hinter der Kapelle. 20 Meter bergab, dann ein schmaler Waldpfad als Abkürzer. Talwärts auf breiter Bergpromenade. Aussichtsbank in einer Kurve. Wenig später hohes Kreuz auf einer vorspringenden Bergkuppe. Lug ins Land! Trampelpfad abwärts zu drei mächtigen Linden. Ruhebank. Idyllischer Schattenplatz an heißen Tagen. Quellschüttung in unmittelbarer Nähe. Feldweg als Direktabstieg nach Kirchehrenbach. Einkehr bei Josef und Waltraud Trautner, Gasthaus „Zum Walberla", Straße zur Ehrenbürg 21. Eigene Metzgerei und Konditorei. Hausspezialität:

22 Auf geht's zur Walberlas-Kärwa

Wohlverdiente Gipfelrast an einem bitterkalten Kirchweihsonntag

„Bohnakern" mit rohen Klößen, Knoblauchwurst und Dörrfleisch. Hefeweißbier frisch vom Faß. Hausgemachte Wurstwaren im Glas zum Mitnehmen. Wie wär's mit einer luftgetrockneten Knoblauchwurst als Wegzehrung? Frankenweinschild in Gold verliehen. Trautners Biergarten als einmalige Aussichtswarte. Das Tal der Wiesent im Panoramablick. Donnerstags geschlossen, montags und dienstags Schlachtschüssel. Die Straße zur Ehrenbürg endet im Dorfzentrum von Kirchehrenbach. Die Bahnhofstraße zweigt links ab. Schnell einen Blick in die katholische Pfarrkirche Sankt Bartholomäus geworfen (Turmunterbau um 1200, Figuren der Heiligen 1770/80), und wie ein geölter Blitz zum Bahnhof, um den Triebwagenzug nach Forchheim zu erwischen. Trostpflaster für Trödelphilippe: Der Zug pendelt im Stundentakt zwischen Forchheim und Ebermannstadt.

Der Pfiffikus

Walberlas-Kärwa
Berühmte Bergkirchweih in Franken. Eines der ältesten deutschen Frühlingsfeste. Ursprünglich jeweils am 7. Mai (die Nacht davor heißt Walpurgisnacht, in dieser Nacht sollen die Hexen auf dem Walberla tanzen!), später auf den ersten Sonntag im Mai verlegt. Walberla ist abgeleitet von der heiligen Walburga, einer Schwester Willibalds, des ersten Bischofs von Eichstätt. Ihr zu Ehren wurde die St. Walburgis-Kapelle errichtet. Wallfahrten seit dem 9. Jahrhundert!
In uralter Zeit war das „Walberla" oder die Ehrenbürg eine wichtige Höhensiedlung. Fünf Jahrhunderte vor Christus stand auf dem Berg eine stadtähnliche Wehranlage der Kelten.

Naturschutzgebiete
Gebiete, in denen ein besonderer Schutz von Natur und Landschaft erforderlich ist. Wildwachsende Pflanzen (zum Beispiel Silberdistel, Küchenschelle, Wacholder) oder wildlebende Tierarten (zum Beispiel Uhu, Wanderfalke, Feuersalamander, Eisvogel, Graureiher) sollen erhalten werden. Oft werden auch Gebiete „wegen ihrer Seltenheit, besonderen Eigenart oder hervorragenden Schönheit" als Naturschutzgebiete ausgewählt. Wer diese Gebiete beschädigt, verändert oder gar zerstört, wird bestraft. Das „Walberla" ist Naturschutzgebiet. Leider zertrampeln viele Festbesucher den wertvollen Trockenrasen, reißen seltene Blumen heraus, hinterlassen Müll und verrichten im Freien ihr „Geschäft", das die Vegetation (Pflanzenwelt) überdüngt. Kennst du andere Naturschutzgebiete im Frankenjura?

Walberla-Gipfel

Der Elternkompaß

Was am Wegrand?
Die 512 bis 532 Meter hohe Ehrenbürg, bekannt als „Walberla". Ein Tafelberg im Unteren Wiesenttal mit berauschenden Talblicken und Fernsichten. Am Bergfuß liegen die Ortschaften Kirchehrenbach, Leutenbach, Schlaifhausen und Wiesenthau. Die St.-Walburgis-Kapelle auf dem Nordgipfel der Ehrenbürg. Vormals eine altheidnische Kultstätte, später ein christlicher Betplatz und Wallfahrtsort. Die „Walberlas-Kärwa" am ersten Sonntag im Mai – eine Bergkirchweih echt fränkischer Prägung. Seit dem Jahr 1360 urkundlich belegt!

Wann am besten?
Am ersten Sonntag im Maien: zur Zeit der Kirschblüte. Die Landschaft ein Blütenmeer! Im malerischen Oktoberherbst.

Wie sich orientieren?
*Bahnstationen: Wiesenthau und Kirchehrenbach (VGN-Liniennummer R 22. Bahnverkehr Forchheim-Ebermannstadt im Stundentakt!).
Stetig steigend von Wiesenthau zum Walberla. Höhenunterschied 200 Meter. Steilaufstieg vom Walberla-Sattel zum Gipfel. Gesamtwegstrecke: zirka 6 Kilometer.
Beste Karte: Topographische Karte 1: 25 000, Blatt 6232 Forchheim.*

Wo rasten und nicht rosten?
Auf dem Weg zum Walberla. Beliebig auf den Hängen des Walberla Nordgipfels. Am „Hohen Kreuz", einer vorspringenden Bergkuppe (Abstieg!). An drei mächtigen Linden mit Quellschüttung (Abstieg!).

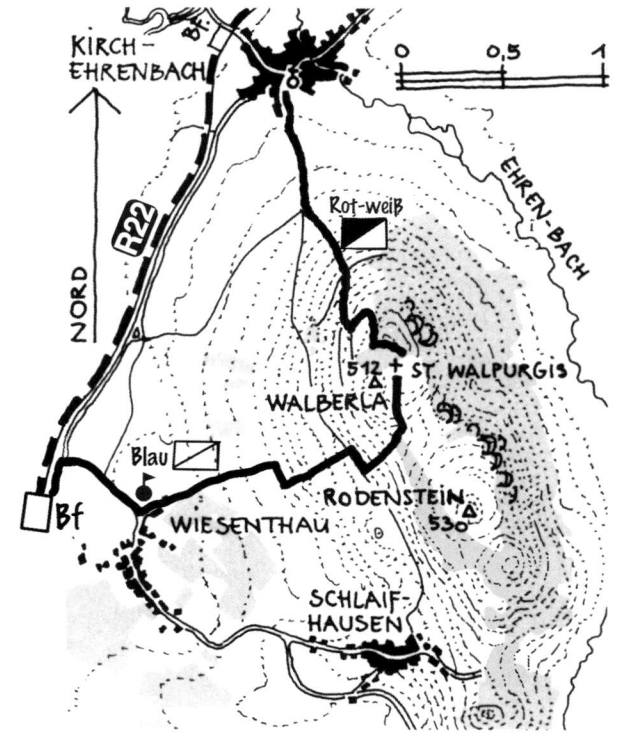

Bauernbrot macht Wangen rot

Die alte Hexe und der alte Backofen

„He da, raus aus den Federn!" rief die alte Hexe und rüttelte die Gretel wach. „Steh auf, du alte Faulenzerin! Auf der Bärenhaut liegen und in den Tag hineinschlafen, das hab' ich gern." Mit einem Satz sprang die Gretel vom Strohsack herunter. „Hol Wasser, mach Feuer und koch deinem Bruder eine Graupensuppe, damit er dick und fett wird! Wenn er aufgegangen ist wie eine Dampfnudel, dann will ich ihn essen, haaa." Die Hexe bekam einen Lachkrampf, zeigte ihre Zahnlücken, rollte ihre blutunterlaufenen Augen, verzerrte ihr schiefmäuliges Gesicht. Mit ihrem langen, gichtknotigen Zeigefinger drohte sie: „Geh schon!" Gretel weinte. Tränen liefen über ihr pausbackiges Gesicht.

Doch Hänsel wurde und wurde nicht fett, trotz aller Hexenmast. Er war nämlich ein Schlaumeier. Mit einem alten Fuchsknochen, den er in seinem Stall fand, trickste er die Hexe aus. Immer wenn sie rief: „Hänsel, streck deine Finger raus, damit ich fühle, ob du gut im Futter stehst!", hielt ihr Hänsel den Knochen hin. Die Alte, schieläugig seit ihrer Geburt und mit gebrochener Sehkraft, fiel prompt auf den Schwindel herein. Sie wunderte sich, daß Hänsel nicht fetter wurde. Die Gretel dagegen, dieses kleine Pummelchen, wäre der richtige Schmorbraten für sie gewesen.

Einmal in der Woche knetete die Hexe den Brotteig, heizte den Backofen mit Buchenreisig, sorgte für die richtige Hitze. Statt der Brotlaibe wollte sie diesmal die Gretel einsperren und im eigenen Saft schmoren lassen. Sie lockte das Mädchen mit höflichen Worten: „Schau doch mal bitte nach, ob der Ofen so weit ist, daß wir die Brote ‚einschießen' können!" Die Gretel jedoch roch den Braten. „Ich weiß nicht recht, wie ich es anstellen soll." „Du dumme Gans, du warst doch oft beim Brotbacken dabei. Paß auf! Ich mach's dir vor." Die Hexe steckte ihren verlausten Wuschelkopf samt Schwanenhals in das Ofenloch. Flugs holte die Gretel den schweren Brotschieber und stieß sie mit aller Kraft in den Ofen. Die struppigen Hexenhaare fingen sofort Feuer. Die Hexe schrie gottserbärmlich. Schwuppdiwupp verriegelte Gretel die Ofentüre, rannte atemlos zu ihrem Bruder und befreite ihn aus dem Ziegenstall. „Schnell, Brüderchen. Lauf, Brüderchen!" Hänsel hatte große Mühe, seiner Schwester zu folgen. Bei einem Fluchtversuch hatte er sich das rechte Knie blutig aufgeschlagen. Die Hexe als Quacksalberin versorgte seine offene Wunde: Sie legte eine verschimmelte Brotscheibe auf das Knie und zurrte die Wundauflage mit einer Hanfschnur fest. Plötzlich klirrten die Scheiben im Hexenhaus aus Nürnberger Lebkuchen. Holterdiepolter fiel der altersschwache Backofen in Schutt und Asche. Sei es, daß die Ofenhitze so groß war oder die lehmverschmierten Bruchsteine zu alt waren. „Der Wind, der Wind, das himmlische Kind" trug Rauch und Staub in den pechschwarzen Himmel. Blitze blendeten die Augen. Der Donner grollte. Ein Regenguß löschte die Glut. Ein Häuflein Asche war alles, was von der alten Hexe übrigblieb.

Frei erfunden von den Märchenerzählern, die Geschichte von dem Hänsel, von der Gretel und von der alten Hexe. Wieso eigentlich müssen Hexen immer alt sein, dazu noch ein Ausbund an Häßlichkeit? Keine Angst, Kinder, es gab keine Hexen und es gibt keine Hexen. Es gab und gibt gute Menschen und böse Menschen. Es waren der Klatsch und der Tratsch, der Neid und der Haß der Menschen, der alte, aber auch junge Frauen verdächtigte, im „Geruch der Hexerei" zu stehen. Das erstbeste alte oder junge Weib wurde ver-

leumdet, geriet, in den Ruf, mit dem Teufel im Bunde zu stehen. Muttermale wurden zu Teufelsmalen. Hatte die Person noch rote Augen, so führte sie Böses im Schilde, war schuld an allen Übeln, wie Mißwuchs, Wetterschaden, Viehsterben, Diebstahl und schlimmen Krankheiten.

Sie wurde als Hexe aufgegriffen und in den Hexenturm gesperrt. Ein Hexenrichter machte kurzen Prozeß. Die vermeintliche Hexe wurde gefoltert, um ein Geständnis zu erpressen. Ein beliebtes Foltermittel war die sogenannte „Wasserprobe" oder das „Hexenbad": Man band die nackte Person mit dem rechten Daumen an die linke große Zehe und dem linken Daumen an die rechte große Zehe, so daß sie sich nicht rühren konnte, worauf sie der Henker an einem Seil in ein Gewässer, Fluß oder Teich, dreimal hinabließ. War sie eine Hexe, so schwamm sie wie ein Pantoffelholz auf dem Wasser, ging sie unter, so war sie unschuldig. Die Hänsel-und-Gretel-Hexe als Menschenfresserin wäre sicherlich wie ein Stück Holz auf dem Wasser geschwommen – oder ersoffen? Warum auch nicht, weil sie weder eine echte Hexe noch eine Menschenfresserin war.

Der Freitagsausflug

13 Minuten nur braucht der OVF-Bus (VGN Linie 232) vom Ebermannstädter Bahnhof nach Muggendorf. Fensterplätze heißbegehrt. Das Tal der Wiesent eine Augenweide! Muggendorf: Haltestelle Forchheimer Straße. Ein Atlantikhoch stimmt frohgemut, verheißt Schönwetter und viel Sonnenschein. Wir schlendern auf einem gepflasterten Fußweg am neuen Rathaus (Tourist-Information) und am alten Schützenhaus vorbei, spazieren die Forchheimer Straße hoch, verlassen sie am Oberen Markt, wo am Kirchweihsonntag (2. Sonntag im August) knickbeinige Brauereitische und Bänke unter schattigen Bäumen stehen, einheimische Musikanten musizieren und die Dorfjugend den „Betzen" austanzt.

Wegweiser für Wanderer und Spaziergänger am Gedenkstein für die „Entdecker der Fränkischen Schweiz", Wackenroder und Tieck. Brunnen daneben. Der Weg gabelt. Hier scheiden sich die Geister. Wer zur „Koppenburg" will, beileibe keine echte Burg, sondern eine Aussichtskanzel, wie Dutzend andere im „Muggendorfer Gebürg", muß den Klosterberg erklimmen, dann zweimal links einschwenken (Markierung). Wir ersparen uns den Umweg. Bloße 800 Meter nur zum „Felsensteig", unser Nahziel. Mit dem roten Senkrechtstrich (Heinrich-Uhl-Weg) schwenken wir links ab, lassen es am steilen Schmiedsberg langsam angehen. Niemand kann fehlgehen. Prächtige Linden säumen den schattigen Weg zur Albhochfläche, ehemals Schul- und Kirchenweg der Albertshöfer und Neudorfer. Einige der bejahrten Sommerlinden sollen bereits 1825 gepflanzt worden sein. Ende des Asphalts an einem Wendeplatz für Autos. Wohnhäuser kleben am Berghang. Aufgepaßt! Wanderweg kreuzt zirka 100 Meter nach einem Wasserwerk-Häuschen. Grüne Holzwegweiser an einer knorrigen Linde. Rosenmüllershöhle und Langes Tal-Streitberg. Zirka 30 Meter bis zu einem Treppengeländer. Pfahlwegweiser: Treppauf zum Brünhildenstein, längs der Hanglehne Trampelpfad zur Rosenmüllershöhle. Lohnender Abstecher! Fünf Minuten bis zum künstlich geschaffenen Höhleneingang (1830). Weder Legende noch Hirngespinst, sondern wahrheitsgemäß verbürgt durch die Erstbefahrer der Höhle, die am 18. Oktober 1793 mittels einer 16 Meter langen zusammengebundenen Leiter durch eine Felsspalte in die unbekannte Tiefe stiegen. Unter den Höhlenforschern ein Professor der Anatomie aus Leipzig namens Christian Rosenmüller.

Fränkischer Backofen

Aus dem Schuttkegel des Spalteneinganges grinsten den Eindringlingen zwei menschliche Gerippe entgegen, allesamt mit Kalksinter überzogen. Purer Leichtsinn aus bloßem Übermut oder ein echter Höhlenkrimi?
Mit Hilfe vorgefundener Kerzenstummel illuminieren wir die Höhlenhalle, schaffen eine Traumwelt für Kinder. An einem verrosteten Eisengeländer tasten wir uns Stufe für Stufe zur höchsten Stelle, beachtliche 12 Meter Steigung vom Eingang. Sintervorhänge wecken Fantasien. Die Kinder mit weit aufgerissenen Augen. Nachtwandler in einem Wolkenkuckucksheim. Im Nu zurück zur Treppenstiege. 54 Treppenstufen wollen erst einmal erklommen sein. Die Kids im Sturmschritt weit voraus. Weiter aufwärts im Buchenwald zum sogenannten „Felsensteig". Unschwierig zu begehen. Auf Pfadspuren achten! Wegweiser zur Aussichtskanzel „Brünhildenstein". Abstecher zum Aussichtspunkt leicht zu übersehen! Tiefblick auf Muggendorf und ins Tal der Wiesent. Zurück zum Wanderpfad. Nunmehr leicht bergab. Im Schachergraben, einer Hangrinne, Augen auf! Wegweiser „Neudorf 0,7 Kilometer" mit Blauring. Den Rotstrichweg verlassen. Durch einen Waldgraben hoch, später über Feld und Flur nach Neudorf.
Rauchzeichen über Neudorf, dem alten Dorf, 457 Meter über Normalnull, 58 Einwohner, 16 Anwesen, 1 Gasthof. Von den Einheimischen „Bösenneudorf" genannt, zur Unterscheidung von dem nördlich von Siegritz gelegenen „Gutenneudorf". Warum ausgerechnet „Bösenneudorf" weiß keiner so recht. Sommerlich sonnig das Frühlingswetter. Ein ausgedehntes Hoch mit Schwer-

Laibe und Kipfe – frisch aus dem Holzbackofen

punkt über Rußland hält atlantische Tiefausläufer vom europäischen Festland fern. Eine Rauchfahne steht senkrecht über einem Holzbackofen, zittert in der Mittagshitze. Wir treten näher. Freitag ist Großbacktag. Alle Familienmitglieder sind aufgeboten, helfen arbeitsteilig zusammen. Für den Teig sind die Frauen zuständig. Eine Knetmaschine erleichtert die Arbeit, die sie früher als Schwerstarbeit leisten mußten. „Zu den schwersten Arbeiten gehören Beten, Kneten und Heutreten", sagt der Volksmund. Hefe ist etwas Lebendiges. Nur mit der Hand kann man fühlen, wenn der Teig gut ist. Ein Probekneten auf dem Tisch schafft Gewißheit. Fürs Holz zum Heizen, für die nötige Hitze und die richtige Glut sorgt der Großvater, 87, passionierter Jäger und Höhlenführer früher, „Chef vom Backdienst" heute. Sein Enkel, 38, hantiert geschickt mit Krucke und Brotschieber. Er ist zuständig für das „Marketing" auf einem fränkischen Bauernmarkt. Der Urenkel, 01, betrachtet das Spektakel aus der Kinderwagenperspektive. Das Produktionsverfahren ist spezialisiert. Sortenfertigung ist Trumpf. Zwei Sorten sind heiß begehrt: ein Schrotbrot, der Gesundheit zuliebe, und ein normales Roggenbrot. Drei Arbeitsschichten werden gefahren. Frühmorgens, wenn die Hähne krähen, beginnt die erste Schicht. 4.00 bis 4.30 Uhr: Die Knetmaschine arbeitet. 5.30 bis 7.30 Uhr: Der Steinofen wird mit zirka 15 „Holzbündla" geheizt. 6.00 Uhr: Der Teig wird zu Laiben geformt. 6.15 bis 7.30 Uhr: Der Teig „geht" in der Backstube. 7.45 Uhr: Der Ofen wird ausgeräumt. 8.00 Uhr: Die Laibe werden besprengt und in den Ofen „eingeschossen". 8.00 bis 10.00 Uhr: Backzeit. 10.00 Uhr: Die ausgebackenen Brote werden aus dem Ofen genommen und mit einer nassen Bürste abgebürstet. Wir sind Beobachter der zweiten Backschicht. Gegen 10.30 Uhr beginnt die Prozedur des Einschießens. Die Kinder stehen und staunen vor dem rußgeschwärzten Backofen, starren in die züngelnden Flammen. Die Glut glimmt. Einen Backofen kannten sie bisher nur aus dem Hänsel- und-Gretel-Märchen. Der Enkel verschiebt die Glut mit der Krucke. Mit einem langen Besen, der mit einem nassen Lappen umwickelt ist, wird die Asche herausgewischt. Je sauberer der Ofen, um so sauberer die Brote. Die Laibe werden eingeschossen, von hinten angefangen und von links nach rechts. Handgriffe eingeübt, ohne viele Worte. Der Altbauer macht das Ofenloch zu: „Die Hitz wird reingesperrt." Worte der Kinder fallen. Die Hänsel-und -Gretel-Hexe als Schreckfigur. In dieses Loch hat doch die Gretel die Hexe geschubst. Ob die da wohl hineinpaßte? Klar wie Kloßbrühe, die war doch spindeldürr und ausgehungert. Alle Hexen haben rote Augen. Die tanzen doch mitten in der Nacht auf einem großen Berg.

Dein Laib, mein Laib?

„Kommt mit Zacken und mit Gabeln,
Wie der Teufel, den sie fabeln,
Und mit wilden Klapperstöcken
Durch die leeren Felsenstrecken!
Kauz und Eule
Heut in unser Rundgeheule!"
Die tanzten nicht, die Hexen. Die sind geritten auf einem Besen oder auf einer Ofengabel. Solche Besenhexen hängen in Annas Kinderzimmer. Ausgeburten menschlicher Fantasie. Trugbilder bestenfalls – mehr nicht.

Zirka zwei Stunden bleiben die Brotlaibe im Ofen. Aus einem Restteig wird Brotkuchen geformt. In der Vorhitze gebacken, ist er schnell rösch. Wir werden in die Wohnküche gebeten. Frischer Brotkuchen als Leibgericht des Vormittags steht auf dem Tisch. Wegzehrung für uns. Anna schnalzt mit der Zunge. Sie liebt das Brotzeitmachen. „Sie müssen zulangen, sonst kommens zu nix. Bei uns wird einmal zugelangt, dann nimmer", Schürmeister Fuchs von Großvater zu Großvater. Wir langen kräftig zu, werden belehrt, den Brotladen schräg anschneiden, dann mit Butter und Dosenwurst bestreichen – ein leckerer Imbiß. Bratwürste brutzeln in der Pfanne. Motto: Vom Brot allein kann man nicht leben, es muß auch Wurst und Schinken geben. Bei Brot, Bier und Brauselimonade fallen viele Worte. Jäger Fuchs erzählt die Geschichte vom Uhu, den er mit der Hand fing. Tatsache, ein Riesenvogel, adlergroß mit seinem lockeren Federkleid, mit einer Länge von über 70 Zentimeter und einer Flügelspannweite von 1,50 Meter. Großvater Fuchs, ein Geschichtenerzähler, bildkräftig und mit persönlicher Note, ruht längst unter der Erde. Gott hab ihn selig! Die Enkelgeneration hat das Brotbacken spezialisiert. Sortenfertigung ist Trumpf.

Zwei Sorten sind bei den Stadtleuten heiß begehrt: ein Schrotbrot, der Gesundheit zuliebe und ein normales Roggenbrot, reich an Proteinen. Dietlinde Distler ist verantwortlich für den Teig und ihr Mann, der Konrad, für den Ofenbetrieb und die allwöchentliche Vermarktung auf dem Gräfenberger Bauernmarkt. Neu ist der Backofen, der in die Hofanlage integriert wurde, alt die familiengerechte Arbeitsteilung. Der alte Holzbackofen hat noch nicht ausgedient, hier „schießt" der Nachbar seine Laibe ein. Ihr „Gesundheitsbrot" aus grobem Mehl und Schrot, so die Hausbäckerin in eigener Sache, sei ein reines Naturprodukt, deshalb lange haltbar.

Die „Hausbäcker" hüten keine Geheimnisse. Gern lassen sich die Distlers beim Backtag über die Schulter schauen.

Eile ist geboten. In zwei Stunden soll das Bauernbrot fertig sein. Wir wollen noch zum Schwingbogen, einer Versturzhöhle mit einem gewaltigen Felsentor von sechs Metern in der Breite und 16 Metern in der Höhe. Am Dorfausgang, Richtung Albertshof, mit Blaukreis links hoch, zunächst in nordwestlicher Richtung, dann abschwenken und in einem großen Bogen (Ruhebank mit rotem Anstrich) auf Waldpfaden zum Schwingbogen. Die Kinder recken die

Ein Sechspfünder!

Hälse, schauen nach oben, bewundern den Felsbogen. Romantisch der Rastplatz inmitten blockiger Felstrümmer. Vom Schwingbogen zirka 75 Meter Trampelpfad über Felshöcker zur Felsengalerie der „Schönsteinhöhle", einer Spaltenhöhle mit vielen Blindgängen und einem weitverzweigten Ganglabyrinth. Eingang durch eine Eisentüre abgesichert. Räuberromantik im dunklen Forst. Unweit davon, genau 29 Meter entfernt, ihre Zwillingsschwester, die Brunnsteinhöhle. Der ideale Hexentanz-

platz. Neugierig verweilen Anna und Theresa, Annas Freundin, am Höhleneingang. „Hallo, wohnt da jemand!" ruft Ferdinand. Die Finsternis wirkt abschreckend. Stockdunkle Erdlöcher sind nicht jedermanns Sache. Zugang nur für Höhlenkundige mit Höhlenausrüstung. Nichts für kleine Kinder! Die Brunnsteinhöhle hat ihren Namen von der Wasseransammlung in der Höhle. „Das Wasser ist frisch und erquickend, und deßwegen scheuen die Landwirte zur Erntezeit den engen Weg nicht, welchen sie sich durch die Hilfe hineingelegter Stangen, auch ohne Licht zu finden wissen, um sich Trinkwasser zu holen", so Georg August Goldfuß im Jahr 1810. Bis 1905 war sie eine Schauhöle. Die Verbindung zwischen Schönstein- und Brunnsteinhöhle wurde erst 1952 entdeckt.

Punkt 12.30 Uhr sind wir wieder vor dem Backofen versammelt und harren der Dinge, die da kommen sollen. Mit dem kurzen und langen Brotschieber werden die Brote herausgenommen, mit nasser Bürste abgebürstet und auf dem Brotwagen verladen. Der Duft frischen Brotes steigt verführerisch in die Nase, verlockt zum Anbrechen und Reinbeißen. Auf dem Brotwagen kühlen die Brote aus. Die „Garprobe" kann mit der Hand gemacht werden.

Bauernlaibe

Aufstieg zum Schwingbogen

Klopfe mit dem Fingerknöchel von oben und von den Seiten auf den gebackenen Laib. Klingt das Brot hohl, dann ist es gut gebacken.
Der Abschied von unseren „Brotgebern" fällt schwer. Unsere Tagesrucksäcke sind zu klein für die großen Bauernlaibe. Produkte reiner Handarbeit. Brote, die alt werden können, ohne an Geschmack zu verlieren.

Keine Fertigprodukte vom Fließband einer Brotfabrik. Unser täglich Brot kommt heute aus Fabriken mit computergesteuerten Backstraßen. Die Brote geformt aus Fertigmischungen und chemischen Backhilfen. Die Kinder erfreuen sich eines gesunden Appetits. Oft sind die Augen größer als der Magen. Einkehr bei Heumanns, gleich nebenan, dem einzigen Neudorfer Wirtshaus.

Klein die Gaststube, heimelig der Kachelofen. Kinderrunde am Stammtisch. Der Seniorwirt stand dreißig Jahre der Ortsfeuerwehr als Kommandant vor, Land- und Gastwirt mit Leib und Seele. Seine Tochter Elfriede führt heute Regie in Küche und Keller. Ihr Mann ist Metzgermeister. Ein gutes Gespann. „Wir hamm aa die Schweine selber." 40 Stück stehen im Stall und 25 Stück Jungvieh. Räucherkammer und Schlachthaus in Betrieb. Das Brot selbstgebacken im alten Holzbackofen. Brotzeitteller jederzeit, warmes Essen auf Bestellung. Meister Polster ist gerade beim „Wurschten". Alles geht leicht von der Hand. „Die jungen Metzger können das nicht mehr." In den Schüsseln häufen sich Kraut, und Blutwürste. Früher, so von den alten überliefert, wurden den Kindern die „Siedwürscht" am Handgelenk und der jungen Bäuerin am Knie „angemessen". Das waren halt noch Zeiten!
Frisch gestärkt mit Kesselfleisch und Sauerkraut im vollen Bauch und einer luftgetrockneten Hartwurst im Rucksack, machen wir uns auf den Heimweg. Am steilen Schmiedsberg geht die Post ab. Im Hui hinunter nach Muggendorf. Beine in die Hand und los! Nach soviel Schönwetter und Kleinschönheiten im „Muggendorfer Ge-

bürg" zieht uns der Gasthof „Zur Wolfsschlucht", Wiesentweg 2, magnetisch an – nicht nur seines Namens wegen. Wanderer allzeit willkommen. Ei, der Daus! Was ist das für eine fidele Gesellschaft an der langen Tafel in der Gaststube? Geladene Gäste bei einer „Ritter-Mahlzeit". Wie wär's mit einem „schwarzen pihr im seydl"? Dazu „holzbackofenbrot mite viel guet gruibenschmalz, allerley speyß von fleisch und zam vögelin, gefilter bauch vom sweyne, gefilte taup und spis mit zwifel und würst"? Und so weiter und so fort. Kostprobe gefällig? Des Rätsels Lösung gibt der leutselige Wirt: Beim Abstieg von der Neideck wurden seine Gäste von Strauchdieben und Wegelagerern überfallen und ohne viel Federlesens in die historische Pilgerstube nach Streitberg und in die „Wolfsschlucht" nach Muggendorf „entführt".

Auf der Heimfahrt gibt Anna die Geschichte von der Goldmarie und der Pechmarie zum besten. Die eine war schön und fleißig, die andere faul und häßlich. Jungfer Tausendschön spazierte an einem Backofen vorbei. Der Ofen war bis in den hintersten Winkel voller Brote. Das Brot aber rief: „Ach, zieh mich raus, zieh mich raus, sonst verbrenn' ich! Ich bin schon längst ausgebacken." Da packte die schöne Goldmarie kurzentschlossen den kleinen Brotschieber, holte die vorderen Brote heraus, und mit dem langen, den sie kaum heben konnte, fischte sie die restlichen Brote aus der Tiefe des Ofens. Und die Pechmarie, die häßliche und faule Schwester? Sie hörte zwar auch das Schreien des Brotes, sah die rußgeschwärzte Vorderseite des Backofens, wollte ihre Hände nicht schmutzig machen und ging ihrer Wege. Das Brot wurde schwarz und schwärzer, bis es lichterloh im Ofen brannte. Zu Hause angekommen, baut Ferdinand im Sandkasten eine Höhle. Die Statik peilt er über den Daumen. Seine Sandhöhle bricht zusammen. Jetzt ist sie eine Versturzhöhle, wie der große Schwingbogen im Langen Tal.

Der Pfiffikus

Brot
Seit 8000 Jahren backt der Mensch Brot. Ursprünglich als Fladenbrot auf erhitzter Steinunterlage, später mit der Erfindung des „faulen Teiges" (Sauerteiges), als Laib Brot. Das mühevolle Brotkneten übernehmen heute Knetmaschinen. Die meisten Brote werden in „Brotfabriken" gebacken. Brot ist lebenswichtig für die Versorgung mit Vitaminen, Mineralstoffen und Ballaststoffen. Das gesündeste Brot ist ein Brot aus dunklen Mehlen (Vollkornbrot).

Hexen
Stehen mit dem Teufel im Bund, reiten in der Walpurgisnacht auf einem Hexenbesen durch die Luft (Hexentanz), feiern wüste Feste mit den Höllenbewohnern (Hexensabbate), haben Muttermale als Teufelsmale und rote Augen, verzaubern das Vieh und die Menschen, so der Volksaberglaube. Für gewöhnlich waren es häßliche und alte Frauen. Im Mittelalter wurden unschuldige Menschen als Hexen verfolgt, gefoltert und auf dem Scheiterhaufen verbrannt. Noch im 18. Jahrhundert verbrannte man Hexen! Die „böse Hexe" ist heute noch, neben dem Teufel, zweite Schreckfigur im Kasperltheater.

Der Elternkompaß

Was am Wegrand?
Brotbacken der Neudorfer und Albertshofer Bauern (Gemeindebackhäuser, alte und neue Backöfen). Das Brunnstein-Schönstein-Höhlensystem im linken Hang des Langen Tales. Bei „Befahrung" Höhlenausrüstung erforderlich! Der Schwingbogen als Versturzhöhle in unmittelbarer Nähe.

Wann am besten?
Im Buchenfrühling Ende April/Anfang Mai oder im Farbenrausch des Herbstes. Brotbacken meist freitags, mitunter auch Mitte der Woche oder an Samstagen.

Wie sich orientieren?
Bahn- und Parkstation der Dampfbahn Fränkische Schweiz e.V. ist Ebermannstadt. Die historischen Züge der „Museumsbahn" fahren jeden Sonntag von 1. Mai bis 31. Oktober. Jeder Sonntagswanderer findet am Bahnhof einen Parkplatz. Züge der Bahn AG von Forchheim nach Ebermannstadt sonn- und feiertags im Stundentakt (VGN-Liniennummer R 22). Werktags häufiger Omnibusverkehr zwischen Ebermannstadt und Behringersmühle (Haltestelle Muggendorf-Forchheimer Straße; VGN-Fahrplan Liniennummer 232). Steilaufstieg am Muggendorfer Schmiedsberg. Zum Schwingbogen und dem Brunnstein-Schönstein-Höhlensystem leichter Spaziergang mit geringen Höhenunterschieden. Wanderstrecke Muggendorf-Neudorf zirka vier Kilometer; Neudorf-Schwingbogen zirka zwei Kilometer. Beste Karte: Topographische Karte 1:25 000, Blatt 6133 Muggendorf.

Wo rasten und nicht rosten?
Auf dem „Brünhildenstein". Geländergesicherte Felskanzel. Vorsicht! Kinder im Auge behalten!
Am Schwingbogen im Flurbezirk Sommerrangen. Idealer und idyllischer Rastplatz. Natürlicher Abenteuerspielplatz für Kinder. Trampelpfad zur Brunnstein- und zur Schönsteinhöhle.

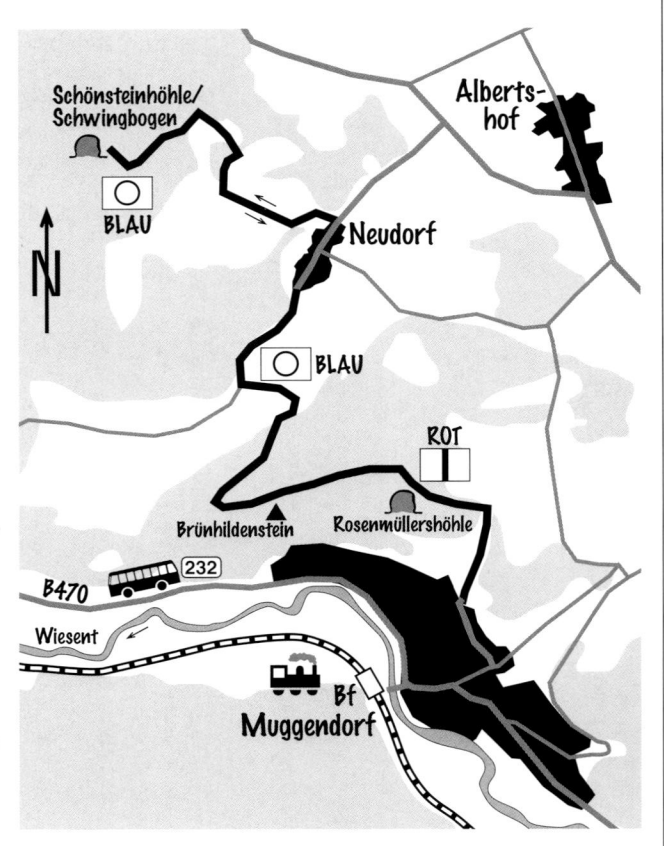

Eine falsche Riesenburg und eine echte Ritterburg

Die Entführung

Stockdunkel die Nacht. Kaum konnte man eine Handbreit vor den Augen sehen. Der Herr und Gebieter von Neideck war mit einigen Dienstmannen unterwegs zur Räuberburg. Er trug Haß im Herzen, schäumte vor Wut. Der berüchtigte Eppelein von Gailingen, Straßenräuber und Landfriedensbrecher, hatte seine Gemahlin mit einer teuflischen List aus den sicheren Mauern der Burg gelockt und nach Gailenreuth entführt.

Nur einen Tag und eine Nacht lang sann der Neidecker auf Rache, wollte die Felsenburg des Räubers im Handstreich nehmen, die Gefangene befreien, Eppelein mit dem Stock traktieren, hinter Schloß und Riegel bringen und die Burg in Schutt und Asche legen. Ein behutsameres Vorgehen versprach mehr Erfolg. Er drehte dem Schlitzohr Eppelein eine lange Nase, setzte List gegen List.

Brustpanzer und Kettenhemd, Eisenhose und Eisenschuhe ließen die Neidecker diesmal zu Hause. Die Maskerade war gelungen. Verkleidet im Gewand fahrender Sänger, mit wehenden Talaren, ritten sie bei Neumond zu des Räubers Schlupfwinkel. Am Fuß einer Felswand pflockten sie die Pferde an. Mit einem getreuen Knappen schlich der Neidecker auf leisen Sohlen zum Schloßgemäuer. Der Ritter griff zur Laute, schlug einige Akkorde an. In der vorderen Kemenate, die auf einem steil abfallenden Felsenriff stand, öffnete sich ein Fenster. Ein Stein mit einem seidenen Tüchlein umhüllt fiel zu seinen Füßen. Trotz der Finsternis erkannte der Ritter die vertraute Gestalt seines Weibes. Weit bog sich die edle Frau aus dem Fenster, schien um Rettung zu flehen. Mit ihrem Lieblingslied gab er sich seiner Frau zu erkennen:

„Du bist mein, ich bin dein,
Des sollst du gewiß sein.
Du bist beschlossen
In meinem Herzen,
Verloren ist das Schlüsselein,
Du mußt immer drinnen sein."

Die Gefangene faßte sich ein Herz, kniete auf der Fensterbrüstung, schickte einen Blick zum Sternenhimmel und einen in die grausige Tiefe. Sie rief den Namen ihres geliebten Mannes, zögerte für einen Augenblick. Blitzschnell griff der Neidecker zu seinem und seines Knappen Mantel und legte beide ineinander. Vier Männerfäuste spannten die Mäntel zu einem Sprungtuch. Schreckensbleich stürzte sich die Entführte

Sonntagsausflug zur Riesenburg

In der Riesenburg

in den Abgrund, landete in den Mänteln, federte zurück und blieb bewußtlos liegen. Der Ritter schleppte die Ohnmächtige zu den Pferden. So schnell wie nur irgendmöglich verließen sie das Burggelände. Unterwegs erwachte die Frau in den Armen ihres Mannes. Sie herzte ihn und erzählte, mit welcher List sie der Eppelein aus der Neideck entführte. Bis zum heutigen Tag blieb diese Hinterlist ein Geheimnis des berüchtigten Raubritters. Sei es, daß der Entführer sich in die Gunst der Entführten einschleichen oder gar eine Botschaft ihres Geliebten überbringen wollte. Sei es, daß er kostbare Tuche aus dem Morgenland zum Kauf anbot oder sich als ein weitläufig Verwandter ausgab. Wie auch immer. Jedenfalls fiel die Herrin von Neideck auf den mit allen Wassern gewaschenen Eppelein prompt herein. Eines steht felsenfest: Der Torwächter der Burg muß geschlafen haben, als sie die sichere Pforte verließ. Vielleicht wurde er von dem bauernschlauen Straßenräuber mit einigen florentinischen Goldgulden bestochen? Wer weiß?

Die Riesenburg, früher „Gaiskirche" genannt, liegt am rechten Talhang der Wiesent zwischen Doos und der Schottersmühle. Schon Joseph Heller war 1829 des Lobes voll: „Sie gehört unter die schönsten Felsenpartien der dortigen Gegend, und hat mit Recht den Namen Riesenburg erhalten. Ihre Ansicht vom Thal aus ist ebenso überraschend und entzückend, als die Aussicht von dieser natürlichen Burg ins Thal. Sie hat etwas Schauderhaftes." Die bizarre Felsenburg ist heute von Bäumen überwuchert und von der Talstraße aus kaum auszumachen. Allein das Schauderhafte und Schreckhafte ist diesem einzigartigen Naturdenkmal geblieben.
Problemlos der Weg zur „Burg der Riesen". Lasse Dampf ab mit der guten alten Dampfbahn. Endstation Behringersmühle. Stationsschild angerostet, gotisch krakelig die Buchstaben. Alte Wagenachsen umfunktioniert zu Ruhebänken. Die Lok rangiert. Ferdinand und Anna trennen sich ungern von dem fauchenden und schmauchenden Ungeheuer.
Lauf hinauf zur B 470, schwenke nach rechts ab, benutze den Bürgersteig! Brücke über die Wiesent. Trottele auf dem Trottoir bis zur Omnibushaltestelle. Wechsle die Straßenseite. Schlendere durch den

Einsturztrichter, Riesenburg

Dampflok

"Kurpark" und drehe im "Kurzentrum" links bei. Fädele am Lebensmittelgeschäft Landmann rechts ein. Holzwegweiser: Wiesentfelsen–Schottersmühle–Doos–Rabeneck". Straßenbezeichnung: "Wiesentweg". Autoverbot, Anlieger frei! Weißblaue Main-Donau-Markierung verspricht sicheres Geleit längs des Wiesentufers.

Von nun an haben die Kinder eine Stunde Zeit, das Seelenleben eines Flusses und seine Nutznießer, die Kajakfahrer, zu beobachten. Geräusche der Wiesent sind Musik in ihren Ohren. Einmal flüsternd, plätschernd, dann wieder quatschend, rumpelnd überschnappend. Bunte Boote schaukeln auf dem Fluß. Paddler drehen mit einem Rundschlag das Boot, weichen einem Hindernis aus. Mitten im Schwall steht ein Paddler bis zum Bauch im Wasser. Sein Boot hält er krampfhaft an der Leine, kurz angebunden wie ein störrischer Hund. Anna und Ferdinand am sicheren Ufer feixen, frohlocken. Schadenfreude steht auf ihren Gesichtern.

Sattes Wiesengrün wechselt mit hellem Buchengrün, Sonnen- und Schattenseiten des Wanderpfades. Die Schottersmühle im Blickfang. Altersschwach, vom Wasser angenagt das große Mühlrad. Eine geraume Weile später die Riesenburg jenseits des Flusses, durchlöchert wie ein Riesen-Emmentaler.

Rätselraten der Kids. Wie kommen wir über den Fluß? Keine Angst, ihr kommt trockenen Fußes hinüber. Trampelpfad zu einer Holzbrücke über die Wiesent. Engelshardsberger Wasserwerk, gespickt mit Wegweisern. Rotring über Riesenburg nach Engelhardsberg. Unser Weg zur Felsenburg. Auf der Straße machen wir einen Schwenk um 90 Grad (Markierung!). 150 Meter sind es nur bis zum Holzschild "Versturzhöhle Riesenburg".

172 Treppenstufen zählen wir von der Talseite steil hoch bis zu einer Steinbank. Nimm nicht zwei auf einmal, verweile ein wenig auf den Stufen! Anna unternimmt einen Zählversuch. Bei zweimal zehn Stufen gibt sie auf. Die 18 Meter lange Höhle im Fels beeindruckt. Kinder müssen ihre Nase überall hineinstecken. Was tropft denn da? Sind das Steine, vielleicht gar Tropfsteine? Hat da früher einmal einer gewohnt? Wem gehört heute die Felsenburg? Ein echter Graf hat diese "Burg" im Jahr 1828 gekauft. Allein der Fremden wegen versah er den durchlöcherten Felsstock mit Treppen, Geländern und Bänken. Der Schottersmüller verwahrte den Schlüssel zur Felsenburg. Das Pachtgeld wurde alljährlich an die gräfliche Verwaltung nach Weiher bei Kirchahorn bezahlt.

Von der Steinbank 11 Stufen hinunter und 18 wieder hinauf zu einer Felsenbrücke. Die Kinder klammern sich ans Geländer, blicken in die schauerliche Tiefe. Hier oben war einmal ein richtiger König, der König von Bayern, mit seiner Frau Therese. War das die Königin? Inschrift an einem Felsknock: "Folgend dem Windzug, kommen

Begegnung

die Wolken und weichen; unveränderlich aber stehet der Fels in der Zeit", frei nach Ludwig I., beileibe kein Dichterfürst. Blick ins Tal. Zurück zur Steinbank. Treppenstufen abwärts ein Kinderspiel. Ungewohnte Blickperspektiven. Die Mächtigkeit der Felsentore im Sucher der Kamera. Kajakfahrer tanzen mit ihren Booten auf einem Schwall der Wiesent, eingestuft als „leichtes Wildwasser" mit dem Schwierigkeitsgrad I. Kajakkünstler und Kataraktfahrer mögen darüber lächeln. Neulinge auf dem Wasser fallen von einem Erstaunen ins andere.

Wir beflügeln unsere Schritte, stürmen hinunter. Fragen an die Helmbewehrten nach dem Woher und Wohin? Hallo, wo habt ihr eingebootet? Wo wollt ihr ausbooten? Die 11 Kilometer lange Flußstrecke von Doos bis Muggendorf gilt als Paradestrecke der fränkischen Kanuten. Kitzlige Stellen sind eingestreut, vor allem das „Sachsenwehr" als Betonsteilwehr vis-à-vis der Sachsenmühle und das „Naturwehr" mit seinen überspülten Steinen drei Kilometer flußabwärts. Kajak-Azubis fahren am allerbesten im Kielwasser eines Könners.

Zurück auf dem altvertrauten „Main-Donau-Weg" nach Behringersmühle. Neue Perspektiven des Tales. Kehrseiten, zuvor außer acht gelassen, rücken als Voransichten ins Blickfeld. Talidylle zuhauf. Die linke Talseite war im Anmarsch unsere rechte Seite. Anna verwechselt immer noch rechts und links des Flusses. Opa belehrt: Bei Fließgewässern wird die rechte und die linke Seite immer in Fließrichtung gesehen. Ohne Zweifel waren wir im Anmarsch und auf dem Rückweg auf der „Schokoladenseite" der Wiesent. Die andere Seite überlassen wir getrost den Autorasern. Anna und Ferdinand übernehmen die Vorhut, schwadronieren munter drauflos, zählen die auf den Schwällen tanzenden Kajaks der Kanuten und die nach Mückentrauben schnappenden Forellen. Bei einem hausgemachten Apfelstrudel und drei Kugeln Schokoladeneis als Nachtisch, aufgetischt auf der Terrasse des Frankengold-Gasthofes in Behringersmühle, lassen sie das eben Erlebte nachklingen. Sie reden wie ein Wasserfall. Die Bedienung ist die Freundlichkeit in Person. Echte Hausmannskost nach „streng gehüteten Rezepten

Burg Neideck

aus den Kochbüchern oberfränkischer Bäuerinnen" wird angeboten. Im Hause Luger sind Kinder gerngesehene Gäste. Der Gast ist König und der Gastwirt ein echter „Dienstleister".

Zur Binghöhle, Streitburg und Neideck

Wochen später, an einem Schönwettersonntag mit blaugelapptem Himmel, rumpeln wir wiederum in museumsreifen Plattformwagen der „Dampfbahn Fränkische Schweiz". Zugpferd ist die uns altvertraute „Elna 6". Sie bringt 56 Tonnen auf die Waage, ist zehn Meter lang, leistet beachtliche 700 Pferdestärken und 40 Stundenkilometer unter Volldampf. Dabei schleppt sie einen Vorrat von 1,6 Tonnen Kohle mit. Sechs Kubikmeter Wasser im Bauch sind überlebenswichtig. Anna, Ferdinand und Leo besetzen Plätze. Großes Rätselraten: Sind wir „Reisende ohne Traglasten" oder „mit Traglasten"? Vorsicht, wer auf der ersten Plattform hinter der Lok steht, bekommt „Rußpickel". Der Schaffner trillert, die Lok pfeift. Abfahrt! Geräusche der Dampfbahn: Bullern der Lokomotive, Gerumpel der Wagen, Gequietsche der Radachsen. Ungewohnt für Kinderohren, Musik in den Ohren der Großeltern. Leider diesmal 10 Minuten nur bis Streitberg. Zebrastreifen als Fußgängerteppich über die B 470. Der Weg zur Binghöhle ausgeschildert, auch in der Ortsmitte (Dorfplatz). Beim „Schwarzen Adler", urkundlich erwähnt seit mehr als 480 Jahren, links einschwenken. Durchschlupf zwischen Gasthof und Biergarten. Vorbei an „Adlerbrennerei" und der „Höhlenklause" mit ihrem „Probierstübchen" (nur Hochprozentiges!) zum Treppenaufstieg. Gut und gern an die 100 Stufen (genau 96!). Ruhebänke für Luftschnapper links und rechts des Treppenstieges. Querweg als Hangpromenade. Höhlenbesucher zweigen rechts ab. Wer auf alpine Lorbeeren spekuliert, muß sich links halten. Im Zickzack bergauf und bergab. Grünring stets als Erfolgskontrolle. Ein alpiner Felsensteig en miniature, garniert mit Felsen und Felsentore. Der Pfad führt direkt zum Prinz-Ruprecht-Pavillon (Weitwinkelpanorama!). Ende des Höhenweges an der Eingangsklause der Binghöhle. In der Höhle hausen weder Höhlenteufel noch Höhlendrachen. Sie ist auch kein finsteres Loch, sondern seit 1907 elektrisch beleuchtet. Einstieg in die Welt des ewigen

Tropfenfalles. Geruch von Lehm und nassem Fels. Ah- und Oh-Rufe der Kinder im Kerzensaal, in der Venus-, Nixen- und Kristallgrotte. Ausrufe des Erstaunens über die schneeweißen Stalaktiten im „Kerzensaal". „Die Stalagmiten sind das nicht die Müden, die Stumpfen und Plumpen, die auf dem Boden hocken?" „Richtig. Und die anderen, die Schlanken und Ranken, die an der Decke entstehen, heißen Stalaktiten." Vom Halbdunkel der Höhle ans grelle Tageslicht. Bergab ins Schauertal und bergauf zur Streitburg.

An einem Halbrondell ein Aborterker, ein ritterliches „Plumpsklo". Daraus wurde eine wunderliche Mär gestrickt: Ein wackerer Streitberger Rittersmann soll, als er gerade sein Geschäft verrichtete und seinen Allerwertesten als Zielscheibe preisbot, von seinem Burgnachbarn auf der Neideck durch einen Giftpfeil ermordet worden sein.

Wir verlassen die Burg, schwenken unmittelbar vor dem Torhaus (blauer Winkel mit Nummer 7) links ein, stürmen im vollen Karacho bergab, plumpsen fast auf die Dächer von Streitberg und sind im Nu unten. Einkehr im „Schwarzen Adler". Unterm Schattenschirm von Linden und Ahornen kann im Biergarten brütende Hitze leichter ertragen werden. Spezialitäten Forellen fangfrisch und „Juralamm" frisch von den Wanderschäfern der Fränkischen Schweiz. Nach Speis und Trank strotzen die Kinder vor Übermut. Sie wollen justament die Neideck stürmen. Die Mär vom Pfeilweitschuß in den Ritterpo spukt in ihren Köpfen. Die Skepsis überwiegt. Soweit kann kein Bogenschütze schießen.

Über die Brücke der Wiesent zum Streitberger Schwimmbad (Rotring). Ein Schild stoppt die allzu Bequemen unter den Motorisierten: „Nur für Forstbetrieb und Fahrberechtigte." Wir sind „Fußberechtigte." Keiner kann fehlgehen. Entlang des Schwimmbades. Nach zirka 100 Meter Gabelung der Wege mit Ruhebank und Wegweiser. Mit Rotring rechts ab und hoch. Schild Ruine Neideck. Rettungsweg der Bergwacht. Erneute Wegegabel. Rotring bleibt unser Wegzeichen. Im lichten Buchenwald Buschwindröschen und Waldwicken. Die Kinder wollen die Burgruine auf der Direttissima stürmen. Gemach, liebe Freunde! Der Weg führt zunächst stetig, dann steil hoch zu einer Engkehre. Von nun an, auf gleicher Höhe bleibend, gemütlich weiter zu den Vorburgen der Neideck. Ein 100 Meter langer Halsgraben trennt die äußere Vorburg vom Vorgelände. Außenmauern boten Sicherheit. Zur Rechten der alte Marmorbruch. Ein Maurer kam im Jahre 1736 in den Burgtrümmern einem Marmorbruch auf die Spur. Der Neidecker Marmor lieferte Steine für die Neue Würzburger Residenz. Rundtürme mit Maulscharten und Schießkammern als Bollwerke der Verteidigung. Halbschalentürme, nach innen offen, um das Einnisten eines eingedrungenen Feindes zu verhindern. Holzbrücke über den Graben vor der Hauptburg, 40 Jahre alt. Mächtiger Brückenpfeiler, aus dem Mittelalter. Ein 10 Meter hoher Wohnturm mit Buckelquadern im Untergeschoß. Flickmauerwerk in den Obergeschossen, mutmaßlich drei an der Zahl. An der Nordostecke die Öffnung eines Aborterkers mit einem noch erhaltenen Kragstein. Er gehörte zu den „Stankgemächern" der Burg. Brotzeitplatz an einer mächtigen Eiche im Vorhof. Wurzelknollen als Sitzschalen. Die Kinder ergreifen Besitz, kramen in ihren Rucksäcken. Ich erzähle die Geschichte von Konrad II., einem Schlüsselberger. Die Edelherren von Schlüsselberg gaben damals im oberen und im unteren Tal der Wiesent den Ton an, konnten nach Belieben schalten und walten.

Einer der Mächtigsten war der Reichsfreiherr Konrad von Schlüsselberg.

Wohnturm, Ruine Neideck

Eine falsche Riesenburg und eine echte Ritterburg 45

Er besaß viel Land und zahlreiche Burgen, war ein Freund König Ludwigs des Bayern, entschied die Kaiserwahl mit den Nürnberger Burggrafen für den Bayernherzog und betrieb eine eigenständige Politik. Eines schönen Tages sollten die Juden seines Gebietes ihre Schuldbriefe abgeben. Der Nürnberger Burggraf Johann stand bei ihnen in der Kreide. Auf diese billige Tour wollte er seine Schulden tilgen. Konrad nahm die Schlüsselberger Juden in Schutz. Daraufhin verschlechterten sich seine Beziehungen zum Kaiserhaus und zu den Nürnberger Burggrafen. Es gab Reibereien und Stänkereien. Im Tal zwischen der Neideck und Streitberg errichtete Konrad eine Mauer, eine Zollmauer. Wer weiterziehen wollte, mußte zahlen, eine „Maut" entrichten. Die Sperre im Tal mißfiel den Nürnbergern, die freies Geleit auf dieser Straße beanspruchten. Die Burggrafen von Nürnberg ließen ihre Muskeln spielen, machten gemeinsame Sache mit den Bischöfen von Bamberg und von Würzburg. Der Angriff der Gegner kam für den Schlüsselberger überraschend. Er verschanzte sich auf der Burg Neideck. Am 14. September 1337, kurz nach dem ersten Hahnenschrei, wurde er von dem Geschoß einer Nürnberger Steinschleuder tödlich

Zwiesprache

getroffen. Alle Edlen des Landes trauerten um den letzten Schlüsselberger. Der Bischof von Bamberg steckte die Burg Neideck als leichte Beute in seine Tasche. Wir entdecken den östlichen Wehrgang, der an einer vorspringenden Felsnase endet. Schießschartenfenster als passendes Passepartout der Tallandschaft. Zitronenfalter tanzen in der Luft. Ein Turmfalkenpärchen nutzt den Aufwind. Die Wiesent im Gegenlicht mit aufgesetzten Blinklichtern. Lauf einmal kreuz und quer über Hügel und durch Grabenabschnitte der Vorburgen!

Plätze wie geschaffen zum längeren Verweilen, zum Tagträumen, zum Sitzen und Sattsehen. Tummelplätze für Kinder. Abstecher zur Neideckgrotte, fünf Minuten nur. Lohnend auf alle Fälle! Gut ausgeschildert. Stetig bergauf durch lichten Buchenwald. Wildromantisch die Grotte. Ein Fabelreich für Kinder. Ihre Fantasien schlagen Purzelbäume. Zurück zur Vorburg der Neideck. Wir stehen am Scheideweg. Müßiggänger und Trödelphilippe wählen den alten Brunnenweg hinunter zum Weiler Haag (Rotring und Rotkreuz), bummeln auf einem bequemen Forstweg um die Neideck herum (Rotring) zum Schwimmbad. Burgfelsen und Berchfrit wirken talbeherrschend. Flurnamen wie Schloßberg, Schloßgraben und Schloßwiese erinnern an die Grundherrschaft der Burgherren von Neideck. Wasserratten, die Eile haben, nehmen die Beine unterm Arm, folgen dem Steilpfad (Weg Numero 7) hinunter zum Bad. Fünf Minuten für Schnellfüßige. Kajakfahrer tänzeln auf dem nahen Fluß, verhindern mit einem Konterschlag das Quertreiben der Boote, suchen das Nadelöhr im kleinen Wasserfall. Auf der B 470 Autos in endlosen Kolonnen. Am „Streitberger Schild" kleben zwei Kletterer wie Fliegen in der Wand.

Der Pfiffikus

Ritter
Waren treue Dienstmannen eines Fürsten. Als Lohn für ihre Ritterdienste erhielten sie ein Lehen (kleines Rittergut). Aus „Unfreien" wurden freie (adelige) Leute, aus Beamten Burgbesitzer. Ritter waren Reiter. Ritter waren Krieger. Ritter waren Räuber. Roß und Rüstung kosteten Geld. Ritter lebten vom Krieg. In Friedenszeiten waren sie „arbeitslos". Sie suchten „Händel" (Streit), kündigten eine „Fehde" (Privatkrieg) an, überfielen von ihren Burgen herab die Bauern des Nachbarn, raubten das Vieh, verstümmelten und töteten die Bewohner. Arme Raubritter wurden zu Wegelagerern und „Strauchdieben". Im Mittelalter entschieden die Reiterheere die Schlacht. Mit der Erfindung der Pulvergeschütze und dem Aufkommen der Fußtruppen (Söldnerheere) war es mit der Ritterherrlichkeit vorbei.

Ritterrüstung
Oder Harnisch. Sie schützte den Leib mit einem Kettenpanzerrock mit Ärmeln. Über dieses Kettenhemd wurde im Kampf der Brustpanzer gelegt. Die Füße waren durch Panzerstrümpfe und Eisenschuhe geschützt. Der plumpe Eisenhelm deckte das ganze Haupt. Er hatte ein verschiebbares Visier und Sehschlitze (Fenster). Vornehme Ritter trugen einen Helmschmuck aus Pfauenfedern. Zur Rüstung gehörten der Ritterschild, das zweischneidige Ritterschwert und der Eschenholzspeer. Zu Fuß waren die Ritter schwerfällig wie Schildkröten.

Ritterburgen
Waren Wehr- und Wohnbauten im Mittelalter und in Vor- und in Hauptburgen getrennt. In der Hauptburg befanden sich die Wohngebäude: der Palas (Familienwohnhaus) und die Kemenate (Frauenhaus), in der Vorburg die Wirtschaftsgebäude und die Dienstwohnungen. Der Berchfrit als Burgturm überragte alle anderen Gebäude. Von oben konnte der Burgherr weit ins Land schauen. Die Annäherung des Feindes wurde rechtzeitig bemerkt. Wer eine Burg erstürmen wollte, mußte erst den Burggraben und die Ringmauer überwinden. Die meisten Burgen im fränkischen Bergland waren Höhenburgen. Sie boten Sicherheit für die Bewohner und wurden an schwer zugänglichen Stellen errichtet. Zum Beispiel als Felsenburg auf einem Bergsporn mit steilen Felswänden zur Talseite. Eine trutzige Höhenburg war die Ruine Neideck bei Streitberg. Im Mittelalter galt sie als uneinnehmbar.

Riesenburg
Weder Ritterburg noch Burg eines Riesen, sondern ein riesengroßer, durchlöcherter Felsenabbruch am westlichen Talhang der Wiesent unweit der Schottersmühle. Ein Einsturztrichter (Doline) schuf eine darunterliegende Durchgangshöhle von 9 Meter Höhe, 72 Meter Breite und 30 Meter Länge. Der Riesenburgbesitzer, Graf Erwin von Schönbom, erschloß 1828 das Felsenlabyrinth (Labyrinth = Durcheinander) durch den Bau von Wegen, Treppen und Brücken.

Der Elternkompaß

Was am Wegrand?
Die Riesenburg am rechten Talhang der Wiesent zwischen Doos und Schottersmühle (Naturdenkmal). Die Burgruine Neideck auf steiler Felsenklippe über dem Wiesenttal als Wahrzeichen der Fränkischen Schweiz! Die Ruine Streitberg auf einem Dolomitfelsblock hoch über dem Kurort Streitberg. Die 400 Meter lange Binghöhle in Streitberg. Geöffnet vom 15. März bis 31. Oktober täglich von 8.00 bis 17.00 Uhr. Führungsdauer eine halbe Stunde.

Wann am besten?
Im Buchenfrühling Ende April/Anfang Mai oder im Farbenrausch des Herbstes. Herbstlich eingefärbte Hangwälder des tief eingeschnittenen Wiesenttales. Schönste Farbenpracht Ende Oktober.

Wie sich orientieren?
Studiere den „Verbund-Fahrplan"! Zielbahnhof ist für beide Ausflüge Ebermannstadt (VGN-Liniennummer R22), gleichzeitig Heimatbahnhof der „Museumsbahn" (Dampfbahn Fränkische Schweiz). Dampf- und Dieselzüge fahren an allen Sonntagen von Anfang Mai bis Ende Oktober. Für Busfahrer gilt die Linie 232: Haltestelle Streitberg-B 470 und Behringersmühle-Gasthof „Frankengold".
Wanderstrecken: Behringersmühle Bf.-Riesenburg zirka 5 Kilometer; Streitberg Bf.-Binghöhle-Streitburg-Streitberg zirka 3 Kilometer; Schwimmbad Streitberg-Neideck 1 Kilometer. Kurze Steilaufstiege vom Wiesenttal zur Riesenburg und vom Streitberger Schwimmbad zur Neideck. Treppenaufstieg zur Binghöhle (96 Stufen). Beste Karte: Topographische Karte 1 : 25 000, Blatt 6133 Muggendorf.

Wo rasten und nicht rosten?
In der Versturzhöhle Riesenburg (Schatten!). Innerhalb des Areals der Burgruine Streitberg. In den Vorburgen der Ruine Neideck (Sonne!). Imposante Tiefblicke ins Wiesenttal. Geeignet zum Räuber- und Gendarm-Spielen. Idealer Familienpicknickplatz. In der wildromantischen Neideckgrotte. Am Ufer der Wiesent (Wasserfall) in Schwimmbadnähe. Pack die Badehose ein!

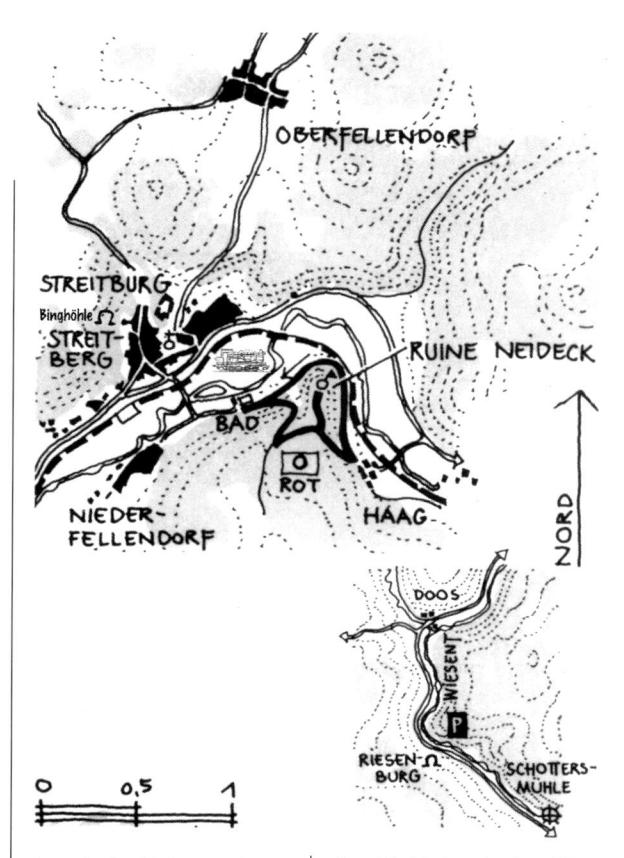

Hängebauchschweine, Wildschweine und zottelige Urviecher

Mit dem Pfiffikus im Wildgehege Hundshaupten

Schon gewußt, daß
- der Wisent normalerweise den Kopf tiefer als die Rückenlinie trägt, der nächste Verwandte des Indianerbüffels (Bison) und ein entfernter Verwandter des urweltlichen Steppen-Wisent ist?
- der abgeflachte Bart eines Wisent in die Halsmähne übergeht, beim Haarwechsel die abgelöste Unterwolle sich in großen Filzklumpen an den Grannen (Borsten) entlangschiebt und am Fell hängenbleibt, bis sie abgestreift oder abgescheuert werden?
- die Haare der Wisente, ebenso wie das ganze Tier leicht und angenehm nach Moschus duften?
- der Eiszeitmensch mit dem Steppen-Wisent in vorgeschichtlicher Zeit zusammenlebte?
- Hängebauchschweine aus Vietnam kommen, Allesfresser, frühreif und kinderreich sind?
- Wildschweine keinen Ringelschwanz, sondern einen Quastenschwanz besitzen und die Jungen (Frischlinge) gern übereinander liegen?
- bei den Gemsen beide Geschlechter hakenförmige, nach rückwärts gebogene Hörner tragen, die bei Jungtieren „Krickel" und bei den Erwachsenen „Krucke" heißen" und die Krucken der Geiß dünner, oft aber auch höher als die des Bockes sind?
- der sogenannte „Gamsbart" als Hutzierde aus den Haaren des Rückenkammes gewonnen wird, die aufgerichtet eine Länge bis zu 20 Zentimetern erreichen können?
- Steinböcke nahe Verwandte der Ziegen sind; beide Geschlechter ein Gehörn

Der Samstagsausflug

tragen, das bei der Geiß 30 Zentimeter, beim Bock bis zu einem Meter lang und fünf Kilogramm schwer werden kann.
- der Mufflon das einzig europäische Wildschaf ist und seine Heimat die Mittelmeerinseln Sardinien und Korsika sind?
- Uhus in Dauerehe leben, nie fremdgehen und unter Naturschutz stehen?
- Damwild in geselligen Rudeln lebt, erst zur Römerzeit nach Mitteleuropa kam und im Vergleich zum Rotwild genügsamer und tagaktiv ist?

Nicht gewußt?
Dann wird es höchste Eisenbahn, das Wildgehege Hundshaupten, versteckt im Zaunsbachtal zwischen Hundsboden und Oberzaunsbach, unweit von Egloffstein zu besuchen.
Eine Fränkische Schweiz en miniature. Felstürme und Felswände aus Dolomitgestein. Steilhänge mit Kletterfelsen für Steinböcke als Springböcke und Gemsen als Springinsfelde. Uhus in Felsspalten. Hängebauchschweine und Wildschweine, Waschbären und Waldkäuze, Damwild und Rotwild, Rotfüchse und Steinmarder. Wisente als echte Urviecher, großköpfig, glotzäugig und krummbucklig. Zwergziegen als Streicheltiere. Tiere ohne Gitter und Gatter.

Viele Tiere zum Füttern, Anfassen und Streicheln. Ein Freizeitpark andersherum, eben anders als die anderen!
Ein Naturerlebnis-Park. Besonders geeignet für Hemd- und Hosenmatze, für Grünschnäbel und Abc-Schützen. Empfehlenswert für Naturfreunde, Wanderspaziergänger, Tierbeobachter und Tierliebhaber.

Später Nachmittag. Sommerliche Schwüle über dem Wildgehege. Kindergeschrei vermischt mit Trompetenrufen balzender Pfauen. Der Breitenstein lockt. Ein mächtiges Felsmassiv am Zaunsbachtalhang, eine prächtige Aussichtskanzel, ein „Guckinsland" für die Kinder. Vielleicht können wir auf dem Plateau ein Damhirschrudel

50 Hängebauchschweine, Wildschweine und zottelige Urviecher

Wisent

Stolz wie ein Pfau

beobachten – vielleicht? Erste Zwangspause vor dem Freigehege der Hängebauchschweine.
O-Ton Anna: „Wenn ich denke, daß mein Bauch ständig am Boden schleift – entsetzlich."
Ein Pfau versperrt den Weg, plustert sich auf, schlägt ein Rad. Blau, grün, rot schillerndes Federkleid als bunter Fächer. Stolz wie ein Spanier. Weiterweg mit Stopps an der Fasanenvoliere, bei den Stallhasen, den Heidschnucken und den Wisenten. Echte Urviecher, die von Angesicht zu Angesicht Angst einjagen können.
Leo: „Wie die Indianerbüffel."
Nicht ganz, korrigierte ich. Sie sind zwar nahe Verwandte, jedoch leichtgewichtiger und kleiner als der Wisent. Sie haben einen kürzeren, dünneren Schwanz mit einer Endquaste und sind zotteliger behaart, besonders am Kopf. Früher durchwanderten große Bisonherden riesige Gebiete und wechselten ihre Sommer- und Winteraufenthalte. Millionen von Bisons bevölkerten die nordamerikanischen Grassteppen. Leo ergänzt: „Opa, die heißen doch Prärien, so steht es in meinem Indianerbuch." „Richtig, und dann kamen die Weißen und schlachteten die Bisons ab. Sie brauchten Fleisch für ihre Bahnarbeiter

Auge in Auge

und verkauften die Felle gewinnbringend. So wurden die Indianerbüffel ausgerottet. Nur in Kanada, am großen Sklavensee, konnte sich eine Herde rein erhalten." Ferdinand nähert sich neugierig der Balkenumzäunung: „Kommt mal hierher. Der große Bulle am Freßtrog stinkt."

„Der stinkt nicht, der duftet nach Moschus. Das ist ein Duftstoff, den auch viele Parfüms enthalten."
Uhus in Felsenlöchern, schwer auszumachen. Einer im Schwebeflug.
„Was frißt so ein großer Vogel?" „Der frißt nicht nur Kleinsäuger, auch Kaninchen, Feldhasen und Jungfüchse." Junge Steinböcke als Springböcke. Streit der Brüder: „Das ist mein Steinbock." „Nein, das ist meiner." Ein Methusalem mit Graubart und mächtigem Gehörn voller Grandezza. Gemsen als Kletterakrobaten am Steilhang. Am Gemsgehege links abschwenken! „Rundweg Breitenstein". Steil bergauf. Erster Halt am „Geldstein" einem klotzigen Felsturm mit weit ausladendem Vordach, Schattendach zugleich. Darunter zwei Ruhebänke. Steiler Wurzelpfad zu einer Mini-Felsengrotte. Zweiter Halt auf der Anhöhe. Atemholen und Verschnaufen. Idealer Rast- und Brotzeitplatz. Kinderspielplatz ohne Kunstaufbauten. Felsbrocken als Klettergerüste. Gleichgewichtsübungen für Kinder. Leichte Kletterpassagen als Erfolgserlebnisse. Lernen durch Versuchen und Ausprobieren. Hals über Kopf hinunter zur Aussichtskanzel. Betreten der nicht eingezäunten Felsen verboten! Vorsicht, Absturzgefahr! Die Kanzel geländergesichert. Schloß Hundshaupten als Blickfang. Fernblick auf die Berge des Trubachtales. Hopsa, heissa über eine geteerte Steilkurve ins Tal. An Füchsen, Turmfalken, Mardern, Waschbären und Wldkäuzen vorbei zum Gehege der Gemsen. Punktum, der Kreis ist geschlossen.

Hängebauchschweine, Wildschweine und zottelige Urviecher

Beim nächsten Besuch sitzen wir am frühen Abend auf dem Beobachtungsstand der „Oberen Wiese" (Rundweg 45 Minuten). Kurzer Steilaufstieg nach der Unterstandshütte nahe dem Uhugehege. Dort, wo Erwachsene nach Luft schnappen, sind die Kinder springlebendig und quietschfidel. Ihr Mundwerk geht pausenlos. „Pssssst", ermahne ich, „ihr verscheucht das Wild." Ein Damhirschrudel äst auf der „Wildwiese", ignoriert unsere Anwesenheit. Ferdinand und Leo bebachten scharf, flüstern hinter vorgehaltener Hand: „Die sind aber kleiner als die Rothirsche. Außerdem haben sie weiße Flecken auf ihrem braunen Fell." Aus der oberen Buschreihe des Wiesenhanges ertönt urplötzlich der Brunftruf eines Rothirsches. Eine tiefe, mehr schnarrende als volltönende Stimme. „Der braucht bestimmt einen Hustensaft", konstatiert Ferdinand unser Witzbold. „Haltet eueren Mund und paßt auf!" Beide sind mucksmäuschenstill. Die Damhirsche schrecken auf, setzen in großen Sprüngen in den nahen Wald. Der Brunftschrei klingt in unseren Ohren nach. Das muß der Platzhirsch gewesen sein. „Der heißt Hansi", tuschelt Leo mit seinem Bruder. Hansi bricht durch den Heckenriegel, treibt einen Harem vor sich her. Eine reiche Wildbahn hat ihn großgezogen. Er strotzt vor Kraft. Da naht unerwartet ein Nebenbuhler, ohne Scheu und Scham. Mit gesenktem Geweih, herausfordernd aufstampfend, beginnt er, wie gewöhnlich, ein Scheingeplänkel. Hansi nimmt die Kampfansage an. Bloß keine Spiegelfechterei. Erneuter Anlauf der beiden Raufbrüder. Voller Kampfeslust schießen beide aufeinander los, legen alle Kräfte in den Stoß. Ein Krachen der Geweihstangen. Hansi pariert geschickt, wehrt den Frechdachs ab, treibt ihn in die Büsche. Scheinbar teilnahmslos sahen die Hirschkühe diesem Spektakel zu. Voller Stolz kehrt der Alleinherrscher zurück, sucht sich die Allerschönste aus seinem Harem aus und treibt sie, aus voller Kehle röhrend, an unserem Hochstand vorbei. Der Platzhirsch auf Freiersfüßen verschwindet mit seiner Auserwählten im herbstlich gefärbten Buchenwald.

So viel Stillhalten der kleinen Tierfreunde muß belohnt werden. Stärkung bei Spezi und hausgebackenem Kuchen im stattlichen „Kiosk mit Imbiß", Nähe Ententeich. Traudel Müller fährt Regie, umsichtig und gastfreundlich, gelassen – auch bei Massenandrang. Heute im Angebot: Käsekuchen, Apfelkuchen, Rhabarberkuchen. Holzofenbrot mit kräftiger Kruste. Drei Bratwürste im Weck, Fisch-, Lachs- und Käsebrötchen für einen Schnellimbiß. Die Traudel liebt den Park und die Tiere. Demnächst werden zwei Hausschweine den Bestand vergrößern – auf Zeit, versteht sich. Das gibt im Winter ein richtiges Schlachtfest. Die Kinder plappern munter drauflos, geben ihre Lieblingstiere preis. Anna: „Die Hängebauchschweine." Ferdinand, nach langem Überlegen: „Die Gemsen." Leo, spontan: „Die Steinböcke."
Eine Frage blieb offen: Wann kommen wir wieder? Heißer Tip: Auf Spurensuche im Neuschnee! Kaum Besucherandrang im Frühjahr und Herbst.

Der Elternkompaß

Was am Wegrand?
Das Wildgehege Hundshaupten im Zaunsbachtal – als Fränkische Schweiz en miniature! Ein Naturerlebnispark ohnegleichen in unserer Region. Ein kleines Wanderparadies. Geöffnet im Sommer von Ende März bis Anfang November täglich von 9.00 Uhr bis 17.00 Uhr und im Winter an Samstagen, Sonn- und Feiertagen von 9.00 bis 17.00 Uhr. Schloß Hundshaupten, eine malerische, vom Barock geprägte Burganlage (nur Gruppenführungen!). Während des Sommerhalbjahres „Hundshauptener Schloßkonzerte" im Halsgraben des Schlosses.

Wann am besten?
Im Buchenfrühling zur schönen Maienzeit (Laubwälder!) und im Farbenrausch des Oktoberherbstes. Schattige Spazierwege im Wildgehege (heißer Sommer!). Einmal andersherum: Spurenlesen im winterlichen Wildgehege.

Wie sich orientieren?
VGN-Liniennummer 235, Omnibusverkehr Ebermannstadt-Egloffstein, Haltestelle Hundshaupten-Wildgehege. Auch Anrufsammeltaxi (AST) ab Bahnhof Forchheim (R2) möglich (Telefon: 09191/19410). Auto-Anfahrt über Gräfenberg nach Egloffstein. Ab hier ausgeschildert („Wildgehege").

Wo rasten und nicht rosten?
Nach dem Geldstein auf der Anhöhe. Herrlicher Naturspielplatz für Kinder. Kleine Felsen für erste Kletterübungen. Aussichtspunkt Breitenstein. Beobachtungsstand auf der „Oberen Wildwiese". Am Weiher. Im Biergarten des Geheges.

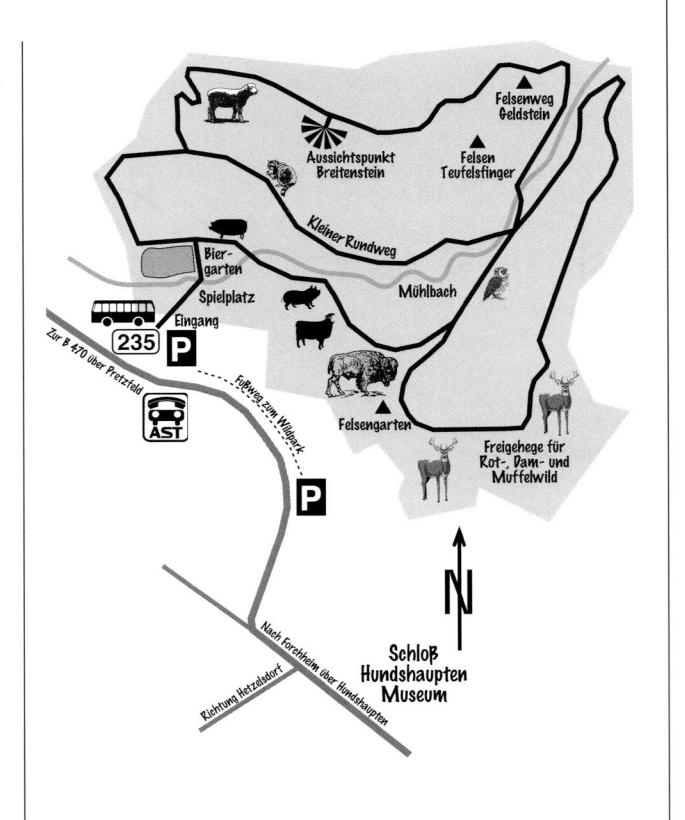

Schelmbachsteingrotte

Nabelschau des Karstes

Wie ich mit der Nase fast auf einen Höhlenbärenknochen stieß

Bären gibt es eine ganze Menge: Braunbären, Schwarzbären, Eisbären, Höhlenbären, Kragenbären, Bambusbären, Pandabären, Wickelbären, Waschbären, Teddybären und Gummibären. Die allergrößten leben in Alaska. In der Wildnis von Alaska traf ich wohl über ein dutzendmal den größten der Sohlengänger, den Kodiakbären, einen Bärenriesen. Ein kapitaler Bärenmann ist bis zu 3 Meter lang und bringt leicht 750 Kilogramm auf die Waage. Trotz des Halbtonnengewichtes einer Bärenmama wiegen ihre Neugeborenen nur knapp ein Pfund und sind kaum größer als eine fette Ratte. Die kleinsten Bären heißen Gummibärchen. Mit einem Zentimeter Länge sind sie winzig klein. Für 100 Gramm erhältst du genau 50 Stück. Sie sind in aller Welt zu Hause. Annas Teddybär ist ein Wickelbär. Oft trägt er Pampers Maxi, atmungsaktiv und ablaufsicher. Er hat bloß einen Stummelschwanz. Die echten Wickelbären haben einen langen Greifschwanz. Ferdis Teddy ist ein Waschbär. Er hat einen Knopf im Ohr und kann bei 30 Grad in der Waschmaschine gewaschen werden.

Die echten Waschbären heißen so, weil sie ihre Nahrung mit den Vorderpfoten waschen, bevor sie verschlungen wird. Höhlenbären leben heute nicht mehr. Sie sind ausgestorben. Sie haben zu einer Zeit gelebt, als Europa von einer Eiskappe bedeckt war. Ihre Knochen und Eckzähne sind in vielen fränkischen Karsthöhlen gefunden worden. Knochenlager in den Höhlen waren heißbegehrte Fundstücke. Noch bis ins 19. Jahrhundert hinein suchte man fleißig nach Höhlenknochen und Bärenzähnen, um diese als „Einhorn", eine Wundermedizin, an die Apotheken zu verkaufen. Neulich stieß ich in einer Höhle der Fränkischen Schweiz fast mit der Nase auf einen Höhlenbärenknochen. Dies war eine „Höhlenbefahrung" (merke: eine Höhle wird befahren, nicht begangen!), die ich so schnell nicht vergessen werde. Der Schluf. (von „schliefen" = kriechen; Engstelle in einer Höhle) war neu angelegt und mit einer Bohrstange kunstgerecht erweitert. Er glich einer Fuchsröhre, ungeeignet für Dampfnudeln und Dickwänste, Schmerbäuche und Wasserköpfe, schliefbar für Dörrleimer, ein Genuß dagegen für Spindeldürre und Bohnenstangen. Auch breite Brustkörbe und üppige Busen werden zum Sperrgut in dieser Erdröhre.

Zentimeterweise winde ich mich vorwärts. Die Höhlendecke drückt auf den Helm, zwingt das Gesicht in den Höhlensand. Mit der ausgestreckten Rechten schiebe ich die Karbidlampe vor mir her, die leicht angewinkelte Linke folgt behutsam nach. Mit den Bergschuhen finde ich Halt an der Höhlendecke, drücke, presse, quetsche und schiebe mich vorwärts. Ausgezehrt müßte man sein, abgemergelt, verhutzelt, dann wäre alles ein Kinderspiel. Ich wage kaum zu atmen, den Brustkorb auszudehnen, fühle mich eingekeilt und eingeklemmt, doch nicht mutlos. Nackt müßte man sein, vielleicht so dünn wie eine Hopfenstange oder so dick wie ein Hering. Endlich das Ende der Folterstrecke, noch dazu leicht erhöht. Ich wühle mich hinauf, versuche, einen Stand für meine Lampe zu finden, um beide Arme frei zu haben. Die Lampe wackelt, kippt auf meinen Schlaz (Höhlenanzug). Ich rudere hilflos mit den Armen, versuche sie zu erhaschen, bevor meine Kleider Feuer fangen. Es gelingt mir, einen eingeklemmten Arm frei zu machen, die Lampe aufzufangen. Ich atme voll durch, bin endlich draußen in einem weiterführenden Stollen. Ein kalkverkrusteter Höhlenbärenknochen ist mein Schatzfund. Fast stoße ich mit der Nase darauf.

Der Sonntagsausflug

Ein Prachtexemplar eines Röhrenknochens mit einer Bruchkante in der Mitte. Ich lasse den Knochen liegen, wo ich ihn gefunden habe. Nur ein Fachmann kann aus der Fundstelle die richtigen Schlüsse ziehen. Oft zogen sich die Eiszeitbären in eine Höhle zurück, wenn sie ihr Ende nahe fühlten. Die Höhle wurde zur Totengrube, zum Bärenmausoleum.
Ich putze den Reflektor (Spiegel) meiner Lampe, leuchte zurück in den Schluf. „He, Hermann, wo bleibst du?" „Ich hab' mich verklemmt, ich komme weder vor- noch rückwärts."
„Was ist los?"
„Ich komm' einfach nicht weiter, stecke fest." „Au weh, mach keinen Blödsinn! Krieche langsam zurück und warte in der Nische auf mich!" Hermann trat im richtigen Moment den Rückzug an. Er war beileibe kein Dickbauch, sondern mehr eine lange Latte. Der kleine Unterschied zu mir, sein Brustkorb hatte einige Zentimeter mehr Umfang. Für alte „Höhlenhasen", die ihr Hobby im Dunkeln schon jahrelang ausüben, gilt: Dort, wo du hineingekommen bist, kommst du auch wieder heraus. Logo!

Der Himmel öffnet seine Schleusen. Regen ohne Unterlaß. Ferdinand patscht mit kindlicher Freude in die Wasserlachen. Treppenstufen zum Wirtschaftshaus der Höhle. Haste was, kannste im Laufschritt hinauf, bevor kein trockener Faden mehr am Leib ist. Der Eingang zur Höhle, künstlich angelegt seit 1852, ist verschlossen. Es könnte genausogut ein Eingang zu einem Bierkeller am Nordosthang des Zinnberges sein. Fragenbündel der Kinder in gespannter Erwartung ihres ersten Höhlenbesuches: In der Höhle regnet es nicht? Da tropfen doch nur die Steine. Wohnte früher jemand in der Höhle? Vielleicht ist tief unten ein Schatz vergraben? Gibt es auch Ungeheuer in den Höhlen?
Der Höhlenführer stellt die Karbidlampen bereit, regelt die Wasserzufuhr der Lampen. Treppab zum ehemaligen Einstiegsschacht, dem sogenannten Windloch. Die Grabesstille der Höhle macht die Kinder sprachlos. Sie recken die Hälse. Der Einsturzschacht als Lichtquelle zwischen Nacht und Dunkel. Schwacher Lichtschein ganz oben. Tageslichtschimmer, Hoffnungsschimmer. Unser Führer erläutert, was alles im Lauf der Zeiten in dieses 27 Meter tiefe Loch hineingeworfen wurde und wer sich hierher verirrte, ins offene Loch

„Haltepunkte", Stalagmiten

plumpste und überlebte. In diesen Einsturzschacht wurden 28 tote Soldaten aus dem Schlachtgemetzel, das am 24. Mai 1703 bei Krottensee stattfand, Fränkische und Kurbaierische, Freund wie Feind, wahllos durcheinander hineingeworfen. Freilich nicht ohne geistlichen Beistand. Eine quittierte Rechnung des Seelsorgers befindet sich im Amberger Stadtarchiv. Geborgene Knochen sind am Höhlenausgang ausgestellt. Diese makabere Geschichte zum ersten Beispiel. Zum zweiten Beispiel die Wirtsfrau Anna Maria Friedl aus Krottensee, umnachtet und daher unzurechnungsfähig nach Meinung der Nachbarn. Wimmernd wurde die Schwerverletzte nach fünf Tagen auf dem Schuttkegel entdeckt und mit Hilfe von Leitern und Seilen ans Tageslicht gebracht. Warum die gute Frau den Sturz überlebte, erklärte der Führer mit beredten Worten: „Zirka 4 bis 5 Meter unterhalb des Windloches, da ist die erste Versturzplatte. Da wird die Frau draufgefallen sein und ist dann langsam heruntergerutscht. Bei 27 Meter (der Führer spricht von 28 Metern, was aber so genau auch wieder nicht stimmt) im freien Fall, des muß scho ä harter Brocken sei, der da überlebt ..." Immerhin war der tiefe Fall der Anna Maria Motivation für mutige

Das „Aha-Erlebnis"

Krottenseer und Neuhauser Männer, die Höhle weiter zu erschließen. Jahrhunderte vorher waren „Goldgräber" und „Tropfsteinräuber" am Werk. 1597 beauftragte Kurfürst Friedrich IV. von der Pfalz, bis über beide Ohren verschuldet, den Goldschmied Matthes Kandl aus Amberg und den Bergmann Hans Fischer aus Krottensee, „gelbe Materie" (eingeschwemmte Roterde) zur Goldgewinnung und „Salpeterspitzen" (Tropfsteine) zur Pulverfabrikation aus dem „Windloch" zu entnehmen. Im Dreißigjährigen Krieg versteckten die Bauern der Umgebung ihr Hab und Gut mitsamt Frauen und Töchtern im Einsturzschacht. Seit 1878 ist die Höhle Schauhöhle. Es wurden künstliche Ein- und Ausgänge geschaffen und ein Führungsweg angelegt.

Neue Räume und Gänge öffnen sich. Die Beleuchtung verändert den Höhlenraum. Die Perspektiven erscheinen verzerrt. Hell und Dunkel, Licht und Schatten werden an den Wänden überblendet. Konturen lösen sich auf. Um uns herum ist es dunkel – dunkler als in der schwärzesten Nacht. In der Höhle wird nicht zwischen Tag und Nacht unterschieden. Wenn das Licht versagt, ist der Mensch hilflos. Anna erscheint die Höhle unheimlich. Für Ferdinand ist sie eine andere Welt, da halten Kaiser und Könige Schlaf und Hof, dort spuken Riesen und Zwerge, Höhlenteufel und Höhlendrachen. Fantasievolle Tropfsteingebilde werden effektvoll ausgeleuchtet: ein Elefant, eine Eule, ein Kuheuter, ein Adler. Haste Töne, daß Tropfsteine Töne von sich geben. Unser Führer klopft mit dem Handknöchel an eine Tropfsteinsäule: Ping, peng, pong. „Wer klopfen will, kann ruhig einmal klopfen."

Die „Orgelgrotte" als Schmuckkästchen der Höhle. Bezaubernd schöner Sinterschmuck aus Generationen von Tropfsteinen. Stalaktiten und Stalagmiten zu Tropfsteinsäulen zusammengewachsen. Orgelpfeifen der Natur. Warme Farbtöne im fahlen Schein der Karbidlampen. Buntschnitte der braunen und gelben Farben. Einige Tropfsteine

Höhlenzauber, Maximiliansgrotte

schimmern wie Elfenbein, andere wirken wie mit einer Senfpaste überzogen. Ferdinand läßt seiner Fantasie die Zügel schießen: „Schau, der Stein da drüben, sieht der nicht aus wie ein Baumstamm? Der hat ja Wurzeln an seinem Fuß." Anna bewundert kleine Sintervorhänge an der Höhlendecke, baut Luftschlösser in dieser Tropfsteinzauberwelt. Das Märchenhafte dieser Grotte wird durch das Abbrennen eines Magnesiumbandes verstärkt. Die Mystik des Höhlenraumes bleibt gewahrt. Unweit davon, in einer Seitenkammer der Orgelgrotte, der „Eisberg", ein terrassenförmig zusammengewachsener Stalagmit ein plumper Riese von herber Schönheit. Zweifelsohne der größte Bodentropfstein der Höhle, gepriesen als Deutschlands allergrößter! Durch die „Schatzkammer" zur „Schwarzen Halle" und zum Höhlenausgang. Knochenlager in einer Felsnische. Die Höhle als Beinhaus: Knochen von Höhlenbären und Menschenknochen. Die Höhle als Winterschlafplatz, Wurfplatz und Sterbeplatz des Höhlenbären. Die Höhle als Soldatenfriedhof. Das Höhlenklima ist günstig für die Erhaltung von Hartteilen wie Knochen oder Zähne. Gleichbleibend jahraus jahrein 8 Grad Celsius! Am Ende der Führung wird das Tageslicht freudig begrüßt. Die Höhle verzauberte ihre Besucher, machte sie schweigsam in einer schweigenden Welt. 30 Minuten lang war die Welt ohne Licht eine Traumwelt für Kinder. Draußen regnet es Bindfaden. Ein Wetter, daß man keinen Hund rausjagen würde. Ein solches Hundewetter erschien denkbar ungeeignet, weitere Vorstöße in den Sackdillinger Forst zu unternehmen. Beispielsweise dorthin, wo die Steinerne Stadt mit ihrem bizarren Felsenlabyrinth Kinderherzen höher schlagen läßt. Tags darauf klart das Wetter auf. Ein ausgedehntes Hoch, mit Schwerpunkt über den Britischen Inseln, sorgt für einen blaugelappten Himmel und gehobene Stimmung. Start am Parkplatz der Maximiliansgrotte. Justament dort, wo ein kunstvoll geschnitztes Holzschild auf „Durchfahrt freihalten" hinweist. Schwarze Eulensilhouette und grüner Punkt als Markierungszeichen. Die Eule kannst du vergessen, den „grünen Punkt" behalte bitte stets im Auge und im Kurzzeitgedächtnis. An einer Wegegabel geradewegs weiter. Schwarzer Pfeil auf gelbem Grund. Wir überschreiten eine Forststraße, lassen uns nicht verwirren durch Ockerkreuz (nach Königstein) und gelben Querstrich (nach Sackdilling), bleiben dem Grünpunkt (karstkundlicher Wanderweg) treu und stapfen 27 Felstreppenstufen hoch zum Felsenriff der Weißingkuppe. Ein pilzförmiger Felskoloß, dessen tonnenschwere Masse auf einer klitzekleinen Auflagefläche ruht, springt beim Aufstieg ins Auge. Immerhin 531,50 Meter über dem Meeresspiegel! Felsrampen mit Moospatina überzogen. Verwachsener Fels, Geschröf, Klüfte und Spalten. So richtig zum Versteckspielen. Der Sackdillinger Wald mit seinen Schlupfwinkeln und Löchern war drei Jahrzehnte lang Wohnrevier der als Hexe verschrienen „Felsenbärbel". In einer Höhlenwohnung hauchte sie 1927 ihr Leben aus. Leicht bergauf führt der romantische Pfad über den Kamm der Kuppe. Wenig später 19 Steinstufen hinunter und abermals 17 auf einen Streich. Im Bogen um die Kuppe herum. Stämmige Buchen am Berghang. Zu guter Letzt 16 Stufen bergab. Der Fußpfad mündet in einen Forstweg ein. Links abbiegen! Holzwegweiser: Karstkundlicher Steig Steinerne Stadt 0,7 Kilometer mit Grünpunkt. Bis hierher zirka 1,5 Kilometer von der Maximiliansgrotte. Grün ist die Hoffnung! Nach zirka drei Minuten taucht eine breite Forstfahrstraße auf. Achtung! Links beidrehen. Etwa 20 bis 30 Meter. Grünpunkt und Wegweiser an einer Kiefer (rechter Straßenrand): „Zwei-Brüder-Felsen-Steinerne Stadt 15 Minuten!". Stellenweise verwachsener Trampelpfad. Himbeergestrüpp ritzt nackte Haut! Immer der Nase nach. Erneut eine Forststraße queren. Schattiger Waldpfad, zunächst gemächlich bergauf, dann steil hoch zu den ersten Felsen. Wächter der Steinernen Stadt. Baumwurzeln als Stolperfallen. Beinmuskeln, Beingelenke und Bänder werden beim Aufstieg stark belastet. Ich übernehme die Spitze und verlangsame mein Tempo. Gleichmäßige Geschwindigkeit und kurze Schrittfolgen wirken kraftsparend für die Kinder. Ich beobachte sie von der Seite, empfehle ihnen, den ganzen Fuß aufzusetzen und kleine Schritte zu machen. Pausen am Steilhang werden benutzt, um Anna und Ferdinand zu ermutigen und Lob zu spenden. „Ihr geht wie echte Bergsteiger!" Mit viel Hallo spazieren die Geschwister durch das Felsentor der „Zwei Brüder", oben Riffdolomit und unten tafelbankiger Dolomit mit Hornsteinen. Brotzeit gefällig. Fragen der Kinder, spontan gestellt: Eine Steinerne Stadt – wo sind die Einwohner?

Anna: Die Felsen sind die Häuser, und weil es so viele sind wie in einer Stadt. Vielleicht hat die Felsenbärbel hier gewohnt? Nach verdienter Rast, unmittelbar nach dem Durchschlupf durch die „Felsenbrüder", weiter bergauf. Nicht rechts beidrehen! Grünpunkt an einer Felswand! 20 Meter gemütlich steigend, dann bergab. Weiter leicht abwärts unterhalb mächtiger

Felstürme. Ein Felsblock eingeklemmt in 5 Meter Höhe. Stets am Rand der Steinernen Stadt entlang. Nicht von den Felsen abweichen! Mächtige Buchenstämme umkränzen ein Dolomitriff mit einem vorspringenden Felsdach. Steil hinunter. Auf Grünpunkt achten! Felstrümmer zur Linken im feuchten Grund des „Gunzenloches" mit der kleinen „Hirschlecken-Felskammer". Der Pfad steigt an, mündet in eine Forststraße. Markierung. Rechts einschwenken, an einem Kruzifix vorbei in eine Senke. Achtung! Markierung Grünpunkt und Rotkreuz weist in den Wald hinein. Links abbiegen. Nach 20 Metern wiederum links ab. Steil hoch zur Vogelherdgrotte, eine hohe und weite Durchgangshöhle. Zuvor passieren wir 21 Holztreppenstufen mit Geländer. Haltepunkt für Wanderer, die leicht den Atem verlieren! Die Kinder stehen und staunen in der Höhlenhalle. Ein richtiges Räuberhöhlennest. Schummerigschön. Leere Flaschen in einem Bierkasten inmitten der Grotte weniger schön. In der Nische der SW-Wand, die sogenannte „Wotanswand", eine kleine Madonnenstatue, errichtet nach Kriegsende im Jahr 1945 von einem Krottenseer. Nach zirka 50 Metern verlassen wir den Grünpunkt, folgen dem Rotkreuz zurück zur Maximiliansgrotte. 4,8 Kilometer Rundwanderung bergauf, bergab – wahrhaftig kein Pappenstiel für Kinder. Karstwanderer sind keine Hungerkünstler. Hausmacher-Brotzeit im nahen „Grottenhof". Die Portion Emmentaler, „höhlengereift in der Maximiliansgrotte", schmeichelt der Zunge eines Käseliebhabers. Ein Märzenbier von der Falkenloch-Bräu, vollmundig und ausgewogen, dazu noch frisch vom Faß, macht den Durst erst schön.

Zur Grotte auf lauschigen Pfaden

Studier die Wandertafel vis-a-vis des Bahnhofsgebäudes! Grünpunkt ist das Signum zur „Nabelschau des Karstes". Ganze 5 Kilometer, nicht mehr und nicht weniger: Nach der Pegnitzbrücke scharf rechts ab. Malerische Flußpartie am Ufer der Pegnitz. Karstquellen und Forellentümpel. Sträßlein Finstermühle-Krottensee überschreiten. Weiter auf einem Feldweg. Etwa 200 Meter unterhalb des Weilers Rehberg links halten (Kiefern-Waldeck). Trockental. Immer den Grünpunkt vertrauen! Mysteriengrotte, eine Felsenhalle von 16 Meter Länge und bis zu 10 Meter Breite (Taschenlampe!). Hier spukt im Schattenreich der Eingangshalle die „weiße Frau"! Unmittelbar daneben ein

Kommunbrauer-Bierschild („Zeugel")

„Ponor", ein Wasserschlinger, der zur Zeit der Schneeschmelze die Schmelzwasser schluckt und ins Felsengeklüft hinabzieht. Zirka 200 Meter nach der Grotte zur Straße Königstein-Krottensee. 20 Meter Asphalt in Richtung Krottensee. Bergauf und leicht bergab zur „Schlieraukapelle". Orientierungstafel an der Kapelle. Empor zur Auffahrtsstraße, die zur Maximiliansgrotte führt (Baumallee). Lauf parallel zur Straße hoch zu einem Wasserreservoir, überschreite die Straße. Weiter aufwärts am Waldrand. Schau in die Lande! Zirka 30 Meter nach Waldeintritt zweigt der Grünpunktpfad unvermittelt links ab. Halte die Augen offen! Trampelpfad. Du stolperst am „Zinnbergschacht" vorbei, einer Schachtspalte mit starkem Luftzug in die Tiefe. Leicht abwärts zum „Windloch", einer offenen Eingangsdoline der Maximiliansgrotte. Selbstredend abgesichert.

Der Pfiffikus

Höhlen
sind Hohlräume in der Erde. Wo Kalkstein vorkommt, ist die Erde durchlöchert wie ein Schweizer Emmentaler. Neue Höhlen entstehen durch die Kraft des Wassers. Steter Tropfen höhlt den Stein! Die Höhle ist eine Welt ohne Licht. Die Dunkelheit verbreitet Furcht und Entsetzen. In der Höhle leben Höhlenkäfer und Höhlenspinnen. Fledermäuse sind häufig Höhlengäste. In der Eiszeit suchten Höhlenbären, Höhlenhyänen und Höhlenlöwen Zuflucht. Für den Jöger der Altsteinzeit waren die Höhlen bevorzugte Rast- und Wohnplätze.

Fledermäuse
sind Flattertiere. Fledermäuse sind Winterschläfer. Zwischen Dezember und März hängen sie kopfabwärts mit ihren Hinterfüßen an der Höhlendecke. Im Sommer bilden die Weibchen Wochenstuben, in denen die Jungen geboren werden. Die Männchen werden vertrieben. Etwa drei Wochen lang wird das Baby mitgeschleppt – auch im Flug! Wunder der Natur: Fledermäuse hören den Höhleneingang. Die durch den Mund oder die Nase ausgestoßenen Schreie (Ultraschallschreie: für unser Ohr nicht wahrnehmbar!) werden vom Hindernis zurückgeworfen (Echo). Fledermäuse sind lichtscheu, ortstreu und störanfällig. Leider sterben sie langsam aus.

Karbidlampe
ist die altbewährte Grubenlampe des Bergmanns. Sie spendet nach wie vor das beste Licht in der Unterwelt. Die Lampe besteht aus zwei Kammern: die untere Kammer wird mit Karbidbrocken gefüllt, die obere mit Wasser. Kommt das Karbid mit Wasser in Berührung, so entwickelt sich ein Gas (Acetylen), das mit hellgelber Flamme brennt. Der Karbidbehälter faßt etwa 200 bis 250 Gramm Kalziumkarbid. Durchschnittliche Brenndauer acht bis zehn Stunden. Merke: Ohne Licht bist du in der Höhle hilflos!

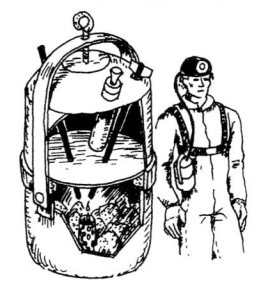

Stalaktiten
sind Tropfsteine an der Decke (Deckenzapfen). Sie entstehen aus einem dünnen Tropfröhrchen (Sinterröhrchen), an dem sich rundherum Kalk bildet. Die Stalaktiten sind schlank und spitz. Stalaktiten und Stalagmiten können zu Säulen zusammenwachsen. Tropfsteinröhrchen (Makkaronis) wachsen pro Jahr einen Zentimeter. Tropfsteine sind zu Hause „Muster ohne Wert". Wer sie abschlägt, ist ein Schänder der Natur.

Stalagmiten
sind Tropfsteine am Boden (Bodenzapfen). Ihre Form ist meist stumpf und plump, zylinder- oder pyramidenförmig. Kerzenstalagmiten erreichen in 7000 Jahren eine Höhe von 50 bis 100 Zentimetern. Es gibt Kegelstalagmiten, deren Alter auf 700 000 Jahre (!) geschätzt wird. Der „Eisberg" in der Maximiliansgrotte ist ein möchtiger Stalagmit von sechs Metern in der Höhe und drei Metern im Durchmesser. Merke: Stalagmiten sind die „Müden"! Sie wachsen von unten noch oben.

Der Elternkompaß

Was am Wegrand?
Die Maximiliansgrotte am Nordosthang des Zinnberges. 1000 Meter östlich von Krottensee und 117 Meter über der Pegnitz. Die Höhle beeindruckt durch prächtige Tropfstein- und Wandsinterbildungen. Gesamtlänge 1200 Meter. Führungsweg zirka 400 Meter, Führungsdauer etwa 30 Minuten. Täglich geöffnet von Karfreitag bis Ende Oktober. Warm einpacken, auch im Hochsommer! Innentemperatur der Höhle 8 Grad Plus! Führungen mit der altbewährten Grubenlampe (Karbidlampe) gehören der Vergangenheit an. Die Schauhöhle ist heute auf dem Führungsweg elektrisch ausgeleuchtet.
Das moosüberzogene Felsenlabyrinth der Weißingkuppe (531,5 Meter) und das bizarre Felsmassiv der „Steinernen Stadt" im Sackdillinger Forst. Die Vogelherdgrotte, eine Durchgangshöhle mit großer Halle. Die Burg Veldenstein und die „Kommunbrauer" in Neuhaus.

Wann am besten?
Zur Zeit des ersten Buchengrüns (Anfang Mai). Schattige Wegstrecken im Hochsommer. Farbenrausch der Buchenwälder im Herbst.

Wie sich orientieren?
Bahnstation Neuhaus/Pegnitz an der Eisenbahnlinie Nürnberg-Bayreuth. Der moderne Neigetechnikzug „Pendolino" hält in Neuhaus. VGN-Liniennummer R3. Omnibusverkehr Neuhaus-Krottensee: Liniennummer 452 (werktags häufiger als samstags/sonntags) Haltestelle Krottensee.
Neu: Freizeitbus 309 (nur an Sonn- und Feiertagen vom 23.05. bis 24.10.) Neuhaus-Auerbach und zurück.
Mit der Gelbstrichmarkierung vom Neuhauser Bahnhof direkt zur Maximiliansgrotte, zirka 3 Kilometer. Landschaftlich schöner mit Grünpunkt, zirka 5 Kilometer. Rundwanderung (Ausgangspunkt Maximiliansgrotte) insgesamt 4,8 Kilometer. Prädikat: Drei-Sterne-Wanderspaziergang! Bergauf, bergab! Kurzer Steilaufstieg zur „Steinernen Stadt" und zur Vogelherdgrotte.
Beste Karte: Topographische Karte 1: 25 000, Blatt 6365 Auerbach.

Wo rasten und nicht rosten?
Einzigartige Rast- und Versteckplätze auf der Weißingkuppe und inmitten der „Steinernen Stadt". Bei tropischen Sommertemperaturen in der Vogelherdgrotte. Im Grottenhof am offenen Kamin.

Nabelschau des Karstes **65**

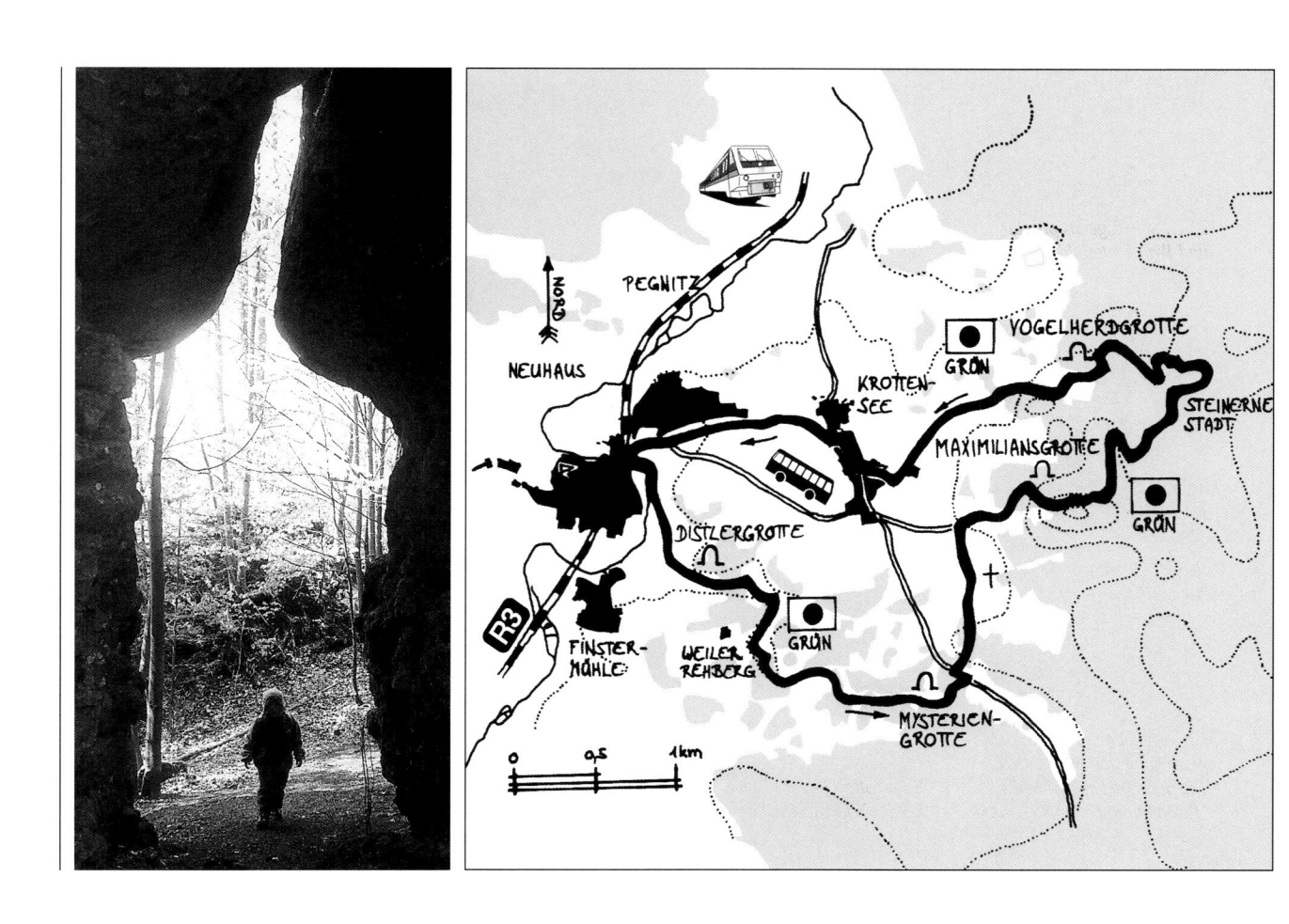

Teufelstischhocker und Steinschneckensammler

Der Teufelsspuk auf dem Eberhardsberg

Der rüstige Ritter Kuno, Schloßherr und Gebieter zu Gräfenberg, saß mit seinen Zechkumpanen bei Tische. Sie fraßen wie die Scheunendrescher und soffen wie die Bürstenbinder. Gute Tischmanieren, als Ritterknabe anerzogen, waren längst vergessen: Niemals aus der Schüssel zu trinken, nichts abzubeißen und wieder in die Schüssel zu legen, andere Dinge als Speisen nicht während des Essens mit der bloßen Hand anzufassen, nicht mit dem Finger in Senf und Salz zu rühren, sich nicht über den Tisch zu legen, nicht krumm dazusitzen, nicht die Ellbogen auf den Tisch zu stützen, nicht mit dem Messer in den Zähnen zu stochern, nicht mit dem vollen Mund zu sprechen und zu trinken, nicht in den Trunk zu blasen, sich nicht in das Tischtuch zu schneuzen, nicht zu schmatzen und zu rülpsen oder gar zu furzen. Zu vorgerückter Stunde lud sich Ritter Kuno, mit vom Bier gelöster Zunge, beim Teufel zu Tische ein, sozusagen höchstpersönlich. War der wackere Rittersmann von allen guten Geistern verlassen? Eines schönen Tages erschien ein Bote aus der Unterwelt im Gräfenberger Schloß. Er überbrachte dem verdutzten Ritter die Einladung des Höllenfürsten zu einem Festmahl. Auf dem nahen Eberhardsberg sollte zur Geisterstunde getafelt werden, und zwar just zum Zeitpunkt des vollen Mondes. Wohl oder übel mußte der Schloßherr der Einladung folgen. An Ort und Stelle angekommen, sah er den Leibhaftigen, wie er aus umherliegenden Felsbrocken einen Riesentisch zurechtzimmerte. Der Teufel hatte Mumm in den Knochen. Die Tischplatte war mit Speisen und Getränken schwer beladen. Mit einer herrischen Geste lud Luzifer zum Mahle. Im ersten Gang gab es Eiermus mit Pfefferkörnern, Safran und Honig darein, Hirse und Gemüse. Im zweiten Gang Bachforellen mit Ingwer gesotten, Stockfisch mit Öl und Sardinen. Im dritten Gang Schweinskeule mit Gurken und in Schmalz gebratene Spatzen mit Rettich. Als Nascherei zwischen den Mahlzeiten ein „Gewürzpulver", ein Gemisch aus Pfeffer und Zucker über Brot geröstet.

Teufelstisch

Alles in allem keine ungewöhnlichen Gerichte für einen Hochgeborenen. Ritter Kuno und der Beelzebub machten reinen Tisch. Sie schlugen sich den Leib voll und jagten das Bier gleich eimerweise durch ihre trockene Kehle. Am Ende der Mahlzeit schlug Ritter Kuno das Kreuz zum Dankgebet – wohl mehr der Macht der Gewohnheit als einer plötzlichen Eingebung folgend. „Malefizkruzifix", fluchte der Teufel, bekam eine Gänsehaut, klapperte mit den Zähnen und schlotterte mit den Knien. Laut furzend verschwand er in den mondhellen Nachthimmel. Schwefeldämpfe verpesteten die Luft. Ritter Kuno hielt sich die Nase zu: „Pfui Deibel, brrrr!" Zurück blieb das Kunstwerk des Teufels aus Kalkgestein. Teufelstisch hieß es von nun an und für alle Zeiten.

Der Sonntagsausflug

Unterm „Schneeschirm", Teufelstisch

Die Kinder stampfen mit den Füßen, scharren welkes Buchenlaub aus dem körnigen Altschnee. Angesagt waren Tageshöchsttemperaturen zwischen minus 3 bis plus 2 Grad. Eine schwache Luftbewegung konnte die über Nordbayern liegende feuchte Kaltluftschicht nicht wegräumen. Anna flüchtet unter den schützenden Schirm des massigen Tisches, zieht ihren jüngeren Bruder am Ärmel nach. Mit einem dürren Ast stochern beide am Tischfuß herum. Die Tischplatte, sonst aschgrau und fleckig, schimmert schneeweiß. Des Teufels Tischtuch aus naturfarbenem Damast? Sollte er das festliche Tuch bei seinem überstürzten Aufbruch vergessen haben? Vielleicht litt der Gehörnte an chronischem Gehirnschwund. Nur bei genauerem Hinsehen sind die verkieselten und von Algen umkrusteten Schwämme an der Tischkante zu erkennen. Anna nimmt mit ihren Einmeterundzehn genau Maß, hebt beide Hände, wippt mit den Fußspitzen, macht sich groß. Ferdinand, gelehriger Schüler seiner Schwester, ahmt getreulich nach. „Opa, paß mal auf! Muß der Teufel nicht so groß wie eine Giraffe gewesen sein oder so einen langen Hals gehabt haben, um die Tischplatte erreichen zu können?" Und der Ritter Kuno mit seinen schweren Eisenschuhen, zwar kein Däumling, aber auch kein langer Lulatsch, wie kam er zu Speis und Trank? Vielleicht setzte ihn der Teufel einfach auf den Tisch? Anna gedankenversunken: „Gell, der Teufel ist etwas Böses?" Bevor ich antworten kann, klärt Omi behutsam auf, malt den Teufel nicht an die Wand, treibt ihn aus als bloße Schreckfigur, entlarvt ihn als Buhmann der Menschen. Wasser und Wind bildhauerten diesen einzigartigen Schwammkalkfelsen. Beileibe kein Werk des Leibhaftigen. Es waren Menschen, die ihn zum Schwarzkünstler erhoben. Ein Katzensprung nur von Guttenburg zum Teufelstisch auf dem Eberhardsberg. Gut 20 Höhenmeter müssen überwunden werden. Im Handumdrehen zu schaffen, selbst für einen Flachlandtiroler.

Wir verlassen unser Familien-Basislager, das wir im „Gasthaus Akazie" aufgeschlagen haben, spazieren auf der Dorfstraße und laufen dort, wo sie abknickt, geradewegs weiter. Wegweiser: Teufelstisch.

Teufelstischhocker und Steinschneckensammler **69**

Kasberger Linde im Blütenschmuck

Ammonitenfamilie

Wegezeichen: blauer Querstrich auf weißem Grund. Erste Wegegabel: nicht rechts abbiegen, sondern geradeaus weiter, Richtung Süden. Bedeckt der Himmel, die Landschaft grau in grau. Die Bäume haben Reif angesetzt. Zweite Wegegabel vor einem großen Kirschgarten (Markierung!). Weiter in gewohnter Richtung. 150 Meter nach dem Kirschgarten zweigt ein Weg ab. Nicht unser Weg! Immer der Nase nach. Du kannst nicht fehlgehen. Etwa 75 Meter nach dieser Abzweigung biegt erneut eine Fuhre rechtwinkelig vom Hauptweg ab. Zirka 50 Meter hoch zum Waldrand des Eberhardsberges (533 m). Gebuckelte Jurahöhen von Hiltpoltstein in der Ferne. Albhochland als Voralpenland, Oberbayern in Oberfranken. Anna stapft voraus. Den pinkfarbenen Rucksack geschultert. Bepackt mit einem Teddy, einer Nürnberger Laugenbrezel und einer Banane aus Costa Rica. Ausreichend für den ersten Hunger. „Wo machen wir Brotzeit?" fragt Anna. Wenn wir am Tisch des Teufels sind. „Wo geht's zum Teufel?" will Ferdi wissen. Markierung am Waldrand. Stetig steigend weiter. Einen breiten Forstweg als Querweg überschreiten. Eine kurze Waldstrecke steil hoch. Keine Markierung. 110 Schritte bis zum Bergkamm. Felsklötze zur Rechten, moosüberwuchert. Die letzten Meter trage ich Ferdinand im „Hoppareitersitz". Über den Kamm des Eberhardsberges und zirka 50 Meter bergab zum Tisch des Teufels am verwunschenen Ort. Naturdenkmal heute, mutmaßlich heidnische Opferstätte früher. Anna kramt die Laugenbrezel aus ihrem Kinderrucksack, macht halbe-halbe mit ihrem Bruder. Ferdi beißt heißhungrig hinein. Seine Schwester steckt ihre Hälfte in den Rucksack. „Weißt du, Opa, dann habe ich im Auto, wenn mir Ferdi seine zurückgelassene Hälfte gibt, eine ganze Brezel." Nach eingehender Untersuchung des teuflischen Kunstwerkes erklimmen wir den Bergkamm, stürmen auf gewohntem Weg den Hang hinunter, bis wir wieder auf den breiten Feldweg stoßen. Nun nicht rechts in Richtung Guttenburg, sondern links in den Weg einschwenken. An einer Feldscheune vorbei (zwei Tore) bergauf zum sogenannten „Steinbuckel". Nördlich und südlich der bewaldeten Kuppe werden Kundige fündig. Frischgepflügte Äcker sind mit fossilführenden Mergelkalkplatten übersät. Steine als „Lesesteine" an den Feldrändern. Schatzsucher am Werk. Mit Geduld und Spucke. Augen auf! Suchet, so werdet ihr finden! Anna und Ferdinand schwärmen aus, verschwinden in den Ackerfurchen, kratzen mit klammen Fingern den Schnee von den Kalksteinen. „Die schönste Schnecke, die ich finde, schenk' ich der Mami", verkündet Anna. „Hurra, ich hab' eine", triumphiert sie. „Ich auch!" schreit Ferdinand in der zwei-

ten Ackerfurche. „Das ist eine echte", begutachtet Anna „mit Kennerblick". Ich verneine, kläre auf. Was wir finden, sind Abdrücke der Schneckenhäuser oder Steinkerne. Die Ammoniten lebten im Meer. Sie waren „Kopffüßer". Vor 65 Millionen Jahren sind sie ausgestorben. Mit unseren heute lebenden Schnecken, den „Bauchfüßern", hatten diese Tiere nichts gemein. Eine enge Verwandtschaft verbindet sie mit unseren Tintenfischen und Kraken. „Hatten diese Tiere ihre Füße am Kopf?" (Ferdinand).
Ja, gleich zehn an der Zahl. „Uiii, so viele!" (Anna). Sie benutzten ihre Füße als Fangarme. Hinter der großen Wohnkammer war eine Reihe von Luftkammern. Sie konnten mit Gas oder einer Flüssigkeit gefüllt werden. „Wie bei einem Luftballon" (Anna). Nicht ganz, wenn du den Ballon losläßt, fliegt er in den Himmel. Die „Schnecke" füllte ihre Kammern, um zu tauchen. Wie ein Unterseeboot unter Wasser. Wurden die Tauchtanks wieder leergepreßt, konnte die Schnecke hochsteigen. Nach dem Tod der Schnecke verweste der Körper. Das Gas entwich. Die Schale kippte um und kam im Schlamm des Meeresbodens zu liegen, wo sich ihre Rippen abdrückten. Füllte sich das leere Schneckenhaus vor seiner Auflösung mit Schlamm, der dann hart wurde, so bildete sich ein Steinkern.

Wir häufeln unsere Schätze am Rand des Ackers, sortieren feinsäuberlich nach Steinkernen und Abdrücken, lassen die Kinder unterscheiden. Ich frage Ferdinand, welche Versteinerung wohl die schönste sei? Er deutet auf einen formschönen, feinziselierten Abdruck. „Die da." Warum es wohl die allerschönste sei? „Weil sie mir halt gefällt." Zu Hause werden die Ammoniten gewaschen, gebürstet, getrocknet, brüderlich aufgeteilt und auf der Rückseite mit einem Staedtler Lumocolorstift, Marke „permanent", gekennzeichnet. Ein Exlibris als Hemmschuh der geschwisterlichen Streitkultur.

Mitten auf dem Steinbuckel ein Gartengrundstück mit Gartenhaus. Ein Häuschen im Grünen! Natur mir nichts, dir nichts einfach eingezäunt. Südlich des Grundstückes schöner Magerrasen. Blick hinunter auf die Dächer von Ermreuth und hinüber zum langgestreckten Hetzles. Wir laufen am Zaun entlang und schwenken am Ende unmittelbar rechts ab. Markierung gelber Querstrich. Der Weg beschreibt einen Bogen und mündet in den Dachstadter Weg (Querweg). Wiederum rechts abbiegen und zurück nach Guttenburg. Reich an Steinen die Äcker zur Rechten. Kirschgärten zur Linken. Zwei Bauern ratschen am Milchhaus. Zuträger von Dorfneuigkeiten. Wir wechseln im Vorbeigehen den Gruß und einige Worte. Ferdinand trägt sein Herz auf der Zunge, lüftet das Geheimnis von Opas Rucksack. Viele Steinschnecken hätten wir gefunden. „Ja, wir heroben sind steinreich", sagt der eine mit dem Gesicht eines Spaßvogels. Anna prüft das Gewicht meines Rucksackes, lächelt verschmitzt. „Opa, wir sind jetzt reiche Leute, steinreiche."

Einkehr bei Georg Körber mit dem wohlklingenden Gasthausnamen „Akazie". Mittagstisch sonn- und feiertags nur. Brotzeit jederzeit. Die Familie hilft arbeitsteilig zusammen. Mutter Körber führt in der Küche Regie, assistiert von ihrer Tochter. Vater und Schwiegersohn betreuen die Gäste. Schweinebraten von hauseigenen Schweinen. Zehn Stück stehen derzeit im Stall. Der Braten zu neun Mark, gemischter Salat eingeschlossen. Das ganze mit Klöß natürlich, und im Kloßkern die gerösteten „Bröckela". Sauerkraut zum Schweinebraten als Beigabe. Soße wird ohne Nachfrage nachgereicht. Mit einem „Sodala" serviert der Wirt Speis und Trank. Sein „Braucht's ihr noch was drauf?", noch während des

Haut einer „Tausendjährigen"

Verspachtelns eines „Schäufele", die Leib- und Magenspeise der Nürnberger, ist durchaus ernst gemeint. Die dunkle Halbe aus der Gräfenberger Lindenbräu rinnt durch die Kehle. Einmal beim Körber reinen Tisch gemacht, ist nicht das letzte Mal. „Opa, du wolltest uns doch noch die alte Linde in Kasberg zeigen", mahnt Anna. „Versprochen ist versprochen!" Mein Wort den Kindern mit Brief und Siegel. Die sogenannte „Kasberger Linde" steht auf Stelzen am westlichen Ortsende von Kasberg, einem 53-Seelen-Dorf auf der Jurahochfläche unweit von Gräfenberg. Ein Jahrtausend soll sie auf dem Buckel haben. Was sind 1000 Jahre einer Linde gegenüber einem Menschenleben, das, „wenn es gut kömmt", über 70 Jahre währt – im Durchschnitt bestenfalls. Der Baum versinkt in die unergründlichen Tiefen der Vergangenheit. Ein Endloses tut sich auf. Für mich ein Aspekt der Ruhe und der Ferne. Es geht ein Zauber von diesem Baumveteranen aus, dem man sich nicht entziehen kann. Auch die Kinder fallen von einem Erstaunen ins andere: „Schau hin, ein Baum auf Krücken!" „Der ist doch mausetot", bekundet Ferdinand. „Nein", widerspricht seine Schwester mit Kennerblick, „der lebt, der hat noch Zweige, da wachsen grüne Blätter." „Der schaut ja aus wie ein Gespenst." „Nein, wie ein Ungeheuer, wie ein Dinosaurier." „Vielleicht ist er doch krank?" „Der ist kerngesund", schalte ich mich ein, erkläre mit einfachen Worten: „Der Baum hat Haare, nicht auf seinem Kopf, seiner Krone, sondern an den Füßen, Wurzelhaare. Denen entgeht kein Tropfen Wasser. Sie saugen das kostbare Naß aus dem Boden und pumpen es zur Krone hoch." „Die Kaiserin Kunigunde hatte auch eine Krone", fällt mir Anna ins Wort. War die aus Gold, die Krone der Kunigunde? Im Kindergarten machen wir Papierkronen. Wer gerade Geburtstag hat, muß sie tragen." Die Kinder treten näher, betasten die Rinde des Baumriesen, schlupfen in den Stamm. „Vorsicht", warnt Anna, „da ist Stacheldraht!" Stellt euch vor, der Baum finge plötzlich an zu reden. Ein alter Baum kann viel erzählen. Probieren wir's einmal. Wir müssen ihn ansprechen: „Hallo, Baum, erzähl uns deine Geschichte, bitte, bitte." „Pssst, hört ihr ihn?" Er spricht ganz leise und mit einer Fistelstimme: „Ich bin schon ein alter Knacker, ein Mummelgreis. Ich stamme aus einer Zeit, als noch Schweine in unseren Wäldern gehütet wurden, als Nachthemden noch unbekannt waren (man schlief splitternackt!), als die Gabel noch nicht erfunden war (man aß das Fleisch mit den Fingern!), als es viele arme und nur wenige reiche Leute gab, als Bischöfe, Könige und Kaiser die großen Grundbesitzer waren. Übrigens, die Kaiserin Kunigunde besuchte mich einmal. Seitdem sagen die Leute, ich sei eine ‚Kunigundenlinde'. Später lagerten Mönche und Nonnen, Hausierer und Schatzgräber, Zigeuner und Juden, Quacksalber und Teufelsbeschwörer, Wallfahrer und Jerusalempilger in meinem Schatten. Vor zweihundert Jahren benutzten mich einmal französische Soldaten als Zielscheibe, obwohl es ihr Vorgesetzter streng verboten hatte. Der wackere Offizier wollte die Schießerei verhindern, ritt schnurstracks in meinen hohlen Stamm und brachte das Kunststück fertig, sein Pferd zu wenden. Auf der Stelle senkten die Franzosen die Gewehre. Ein Jahr zuvor rettete ich einem ungarischen Soldaten das Leben. Der arme Kerl fand Unterschlupf in meinem Baumstamm. Er machte keinen Muckser, als der Feind vorüberzog. Wenige Jahre später rückten mir abermals Franzosen auf den Leib. Sie steckten mich in Brand, diese Hundesöhne, einfach so und aus Spaß am Zündeln. Mir wurde ganz schön heiß. Gott sei Dank war ein Gewitterregen Balsam auf meiner Haut. Halt, da fällt mir noch ein, daß vor zirka 600 Jahren die kaiserlichen Landrichter aus Auerbach und Sulzbach unter meiner Krone Gerichtstage abhielten. Mein Gedächtnis ist leider im Lauf der Jahre wie ein Sieb geworden. Es ist noch gar nicht so lange her, da tanzten die Kasberger in meiner Stammhöhle. Sechs Paare konnten sich im Halbdunkel ungeniert drehen. „Juchheirassassa", trällerte der Baumriese, wiegte sich in den Hüften. Für einen schnellen Dreher reichte seine Kraft nicht mehr, noch dazu mit seinen langen Stelzen! Allein der Versuch könnte in die Brüche gehen. „Seht mich an, Kinder, bin ich nicht ein stattlicher Baum!" markierte er den dicken Wilhelm, die Nase noch ein wenig höher tragend als zuvor. „Ich messe von Stammwand zu Stammwand 3 Meter. Mein in 4 Teile zerrissener Stamm hat einen Umfang von 16 Metern. Und meine Krone steigt bis zu einer Höhe von 12 Metern. Da staunt ihr Bauklötze. 1913 mußte ich mich einer schweren Bauchoperation unterziehen. Baumdoktoren haben meinen Stamm operiert und versiegelt. Seitdem geht es mir bedeutend besser. Nur ab und zu verspüre ich einige Blähungen. 1977 schickten mich die Baumdoktoren zu einem Orthopäden – die

„Stammbaum", Kasberger Linde

üblichen Kreuzschmerzen. Der Hexenschuß plagte mich. Das war ein Kreuz mit meinem Kreuz. Ich wollte mich nicht operieren lassen. Jetzt kann ich mich nur auf Krücken gerade halten. Wer weiß, wie lange ich noch lebe? Ich stehe mit einem Fuß im Grabe. Mein Rücken ist gekrümmt, meine Haut schrumpelig. Die Menschen haben mich noch zu Lebzeiten zu einem Denkmal gemacht, zu einem ..." Seine Stimme wird leiser, erstickt plötzlich, als hätte er einen Kloß im Hals. „Was wollte er noch sagen, Opa?" „Er wollte sagen, ‚zu einem Naturdenkmal'." „Was ist das für ein Denkmal?" „Er ist als ein uralter Baum auf Lebenszeit geschützt. Er genießt den Schutz des Staates. Keiner darf ihn verunstalten, beschädigen oder gar fällen." Schaut sie nur genau an, die Kasberger Linde, so wie sie leibt und lebt als „Kunigundenlinde", „Gerichtslinde", „Franzosenlinde" und „Tanzlinde". Wer weiß, wie lange noch?

Befund am fünften Fünften 1999:
Sie lebt noch immer, grünt und blüht wie eh und je. Ihr Leibesumfang ist schlanker geworden. Den Gürtel muß sie etwas enger schnallen. Nach Aussage der Baumdoktoren wird die Linde die Jahrtausendwende leicht überleben.

Mit der Gräfenbergbahn zum Tisch des Teufels

Eine empfehlenswerte Variante für die Großen unter den Kleinen

Ein Katzensprung nur vom Igensdorfer Obstgroßmarkt zum Teufelstisch auf dem Eberhardsberg. Die Crux: Beachtliche 200 Höhenmeter müssen überwunden werden. Warnung an die Leicht- und Schnellfüßigen: Laßt es langsam angehen! Spielt ein wenig Schneckenpost, sonst habt ihr später keine Puste mehr! Die funkelnagelneuen Fahrzeuggarnituren der Gräfenberg-Bahn sind zum Wochenende proppenvoll. Mit 60 statt 100 Sachen (des schlechten Unterbaues wegen) schaukelt die Bahn durch eine malerische Landschaft.
In Igensdorf steigen die ersten Familienwanderer mit dem Nahziel Teufelstisch aus. Angenagt vom Zahn der Zeit der alte Bahnhof. Daneben ein gläsernes Wartehäuschen mit großzügiger Beleuchtung! Die Gräfenbergbahn wird derzeit auf der 28 Kilometer langen Nebenlinie runderneuert. Ab dem Sommerfahrplan verkehren auf der kurvenreichen Strecke knallrote, hypermoderne Triebwagen. Bahnhöfe und Bahnsteige erhalten ein modernes Outfit. Unmittelbar nach Verlassen des Zugabteils rechts beidrehen! Bürgersteig längs der Geleise zum beschrankten Bahnübergang. Ich überschreite die Geleise, laufe gemächlich an Obstgroßmarkt, Rathaus und Post vorbei. Inschrift an der Markthalle: „Kirschen des Obstes Meisterstück, Fundament zu Geld und Glück." Nach dem Gasthaus „Goldener Stern" („Lebendfrische Forellen aus eigenem Bassin!") schwenke ich in die Eberhardsbergstraße ein. Blaustrich am Straßenspiegel! Gemütlich bergauf. Schöner Weg stetig steigend zum Wasserhochbehälter. Laß dir Zeit! Schalte Schau- und Schnaufpausen ein. Schau ins Land! Blühende Kirschfluren um fränkische Dörfer. Landschaftsbilder zum Sattsehen. Kirschbäume allüberall. Schon die alten Römer kannten die knackige Süßkirsche. Die fleißigen Benediktiner im ehemaligen Kloster Weißenohe haben nachweislich um 1000 nach Christus Süßkirschen angebaut. Verlasse die geteerte Trasse und steige umweglos hoch zum Kriegerdenkmal, Mahnmal zweier sinnloser Weltkriege.
Die einen gaben ihr Leben für „Gott, Kaiser und Vaterland", die anderen für „Führer, Volk und Vaterland". Eingemeißelt in Großbuchstaben:
„ICH HAT EINEN KAMERADEN, EINEN BESSERN FINDST DU NIT".

Steiler Trampelpfad führt weiter. Breiter Querweg. Rechts ab! Bergauf ist angesagt. Zunächst im großen Bogen. Verbotsschild an einer Gabelung der Wege. Schranke für Autos. Stets bergwärts. Erneute Wegegabel unterhalb der Anhöhe. Rechts Abbiegen! Gib Obacht! Zirka drei Minuten nach dem Blaustrich-Zeichen kreuzen die Wanderpfade. Wegweiser „Teufelstisch". Schlag einen Haken nach links! Felshöcker moosüberwuchert versteckt im Wald.
Ein Wetter zieht auf. Die ersten Tropfen fallen. Ich flüchte unter den schützenden Schirm des massigen Tisches. Nur bei genauerem Hinsehen sind die verkieselten Schwämme an der Tischkante zu erkennen. Wo der Teufelstisch heute steht, war früher ein großes Meer. Auf dem Meeresboden siedelten Schwämme, Kieselschwämme, bis über 30 Zentimeter im Durchmesser und zirka fünf Zentimeter hoch. Die Algenkruste auf den abgestorbenen Schwämmen bildete Kalk und wurde im Kalkschlamm eingebettet, daher der Name „Schwammkalk". Wasser und Wind bildhauerten diesen einzigartigen „Schwammkalkfelsen". Sein schmales Standbein besteht aus „flaserigem" Kalk, der leichter verwittert als der „massige" Kalk der Tischplatte.

Kirschblüte

Nach einem letzten Blick auf des Teufels Meisterstück erklimme ich den Bergkamm des Eberhardsberges (70 Meter nur!), stoße in 533 Meter Meereshöhe auf einen lauschigen Rastplatz mit Brotzeittisch und zwei Bänken, strecke alle Viere von mir und lasse den lieben Gott für eine Weile einen guten Mann sein. Merke: Wer lange rastet, der rostet!
Zirka 50 Meter nach dem Rastplatz treppab auf neun Holzbohlen. Breiter Forstweg. Stopp! Rechts ab und im Halbbogen um den Eberhardsberg herum. Nach einer Gehminute zweigt der Blaustrich-Weg unvermittelt links ab. Pfeil! Bald darauf gibt der Wald den Blick frei: gebuckelte Jurahöhen in der Ferne. Albhochland als Alpenvorland. Oberbayern in Oberfranken. Dächer von Guttenburg im Nahbereich. Kirschbäume landschaftsprägend. Feldweg als Querweg nach gut 100 Metern. Lenke deine Schritte nach links, passiere eine Feldscheune und schlage den Weg zum „Steinbuckel" ein. Kalkscherben-Äcker beidseits des Weges. Die Ammoniten des „Malm Gamma" lassen grüßen!
Weiter auf vertrauten Pfaden nach Guttenburg.
Nach gehaltvoller Mahlzeit verlasse ich schleppfüßig die gastliche Stätte, wähle den Weg zum Schlößchen, lasse Schloß, ein eingeschossiger Bau aus dem 18. Jahrhundert mit schmiedeeisernen Ranken am Portalgiebel, und Wasserhochbehälter rechts liegen, und befinde mich auf dem Wanderweg nach Gräfenberg. In freier Feldflur immer der Nase nach, unmerklich an Höhe verlierend (verwitterter Blaustrich an Holzmasten der Telegrafenleitung) hinunter zum Gräfenberger Marktplatz und durch das „Gesteiger Tor" steil abwärts zum Bahnhof.

Pfiffikus

Teufelstisch
Kein Kunstwerk des Teufels (Sage), sondern ein Denkmal der Natur. Als „Naturdenkmal," geschützt! Ein Schwamm-Kalkfelsen, der in seiner Form an einen Tisch erinnert. Früher siedelten tellerförmige Kieselschwämme auf dem Meeresboden. Der Tischfuß besteht aus flaserigem Kalk (Flaser = Ader im Gestein), der leichter verwittert als der massige Kalk der Platte.

Teufel
Schreckfigur (Bösewicht) im Kasperltheater. Monster der christlichen Glaubenslehre im Mittelalter. Aus dem Dämonenglauben erwachsen. Auch Satan, Beelzebub, Gottseibeiuns, Höllenfürst, Luzifer.

Dargestellt als Mischwesen zwischen Mensch und Tier, mit Hörnern, Pferdefüßen, Schwanz und zottiger Behaarung. Das Gesicht meist zur Fratze verzerrt, ebenso der Hintern.

Linden
können wie Eichen sehr alt werden. Bei den alten Germanen waren sie den Göttern geweiht. Die „Kasberger Linde" hat gut 1000 Jahre auf dem Buckel. Sie blüht heute noch. Noch älter wird die Eibe. Sie kann 2000 Jahre überleben. Am ältesten wird der Mammutbaum. Mit 3000 Jahren ist er der Methusalem unter den Bäumen. Solche Böume wachsen in Kalifornien (Amerika).

Baumkronen alter Linden haben einen großen Durchmesser. Die Linde hat ein Herzwurzelsystem. Es gibt Winterlinden und Sommerlinden.

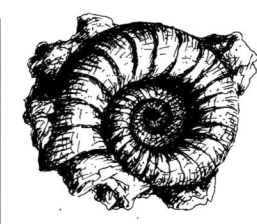

Ammoniten
Auch „Ammonshörner"' (nach dem Gott Ammon genannt), sind ausgestorbene „Kopffüßer" einer Weichtiergruppe mit einer dünnen, spiralig aufgerollten Schale. Was wir heute „versteinert" finden, sind nur Abdrücke oder Steinkerne der Schalen. Am Ende der Kreidezeit, vor 65 Millionen Jahren, ausgestorben. Weitläufig Verwandte leben noch heute. Zum Beispiel der Nautilus, ein im Indischen und Pazifischen Ozean in 60 bis 600 Meter Tiefe am Boden lebender Tintenfisch mit einem schneckenähnlichen Gehäuse. Früher wurden Ammonshörner über der Haustüre angebracht. Sie sollten Blitzschlag und böse Geister fernhalten.

Der Elternkompaß

Was am Wegrand?
Der Teufelstisch auf dem Eberhardsberg als geologisches Schmankerl (Schwammkalkfelsen). Die Ammonitenäcker nördlich und südlich des Steinbuckels. Achtung! Betrete nie Saat- oder Fruchtäcker! Fossilien können auch am Rand der Felder (Steinhaufen) aufgelesen werden. Die 1000jährige Kasberger Gerichtslinde als rüstiger Baumveteran und Naturdenkmal. Noch blühend! Das pittoreske Scheunenviertel und der Marktplatz von Gräfenberg. Der Ritter Wirnt von Gräfenberg als gepanzerte Gestalt auf dem Marktbrunnen. Minnesänger und Sohn der Stadt. Verseschmied von 12 000 Versen!

Wann am besten?
Zur Kirschblüte im Wonnemonat Mai (Anfang Mai). Kirschenhaine und Kirschgärten an den Hängen des Eberhardsberges und auf der Albhochfläche. In der Farbentünche des Spätherbstes. Für Fossiliensammler Spätwinter oder Spätherbst: Umbruch der Äcker.

Wie sich orientieren?
Mit der Gräfenbergbahn (R21) vom Nürnberg-Nordostbahnhof (unmittelbarer U-Bahn-Anschluß!) nach Igensdorf. Rückfahrt ab Gräfenberg. Die Kasberger Gerichtslinde kann von Guttenburg aus entweder per pedes über den Steinbühl oder mit dem Auto über Gräfenberg erreicht werden. Leichter Wanderspaziergang mit geringen Höhenunterschieden: Guttenburg-Teufelstisch-Steinbuckel-Guttenburg (3,5 Kilometer). Wanderstrecke Igensdorf-Guttenburg-Gräfenberg zirka 8 Kilometer. 200 Höhenmeter vom Igensdorfer Haltepunkt zum Teufelstisch! Beste Karte: Topographische Karte 1:25 000, Blatt 6333 Gräfenberg.

Wo rasten und nicht rosten?
Sehr schöner Rastplatz auf dem Bergkamm des Eberhardsberges mit Brotzeittisch und zwei Bänken (533 Meter Meereshöhe – unweit des Teufelstisches). Am Steilrand des Steinbuckels: Tal- und Fernblick.

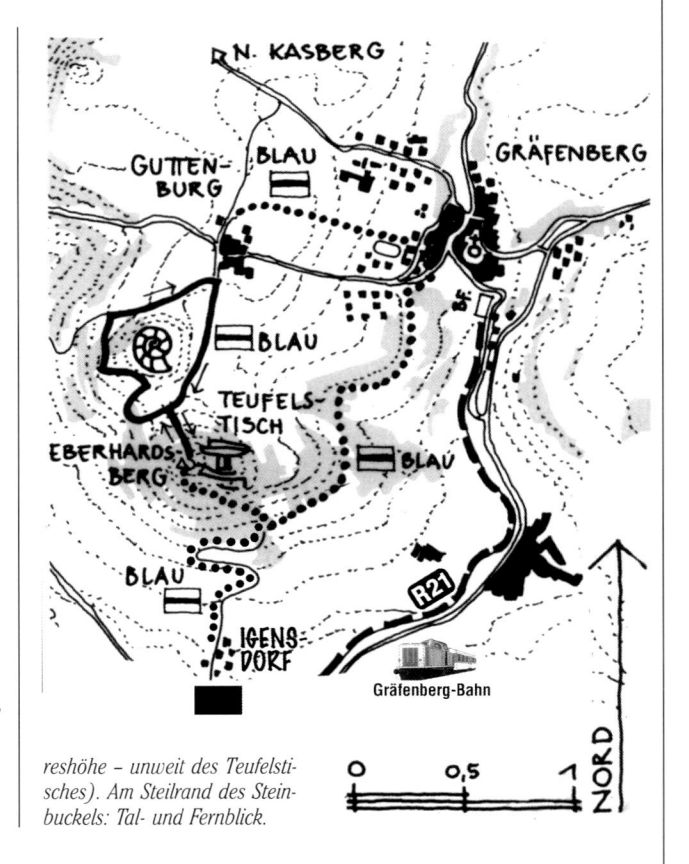

Es klappert die Mühle am rauschenden Bach

Scheunenfachwerk, Klaramühle

Die Gespenstermühle oder wie einer furchtlosen Müllerin ein gehöriger Schrecken eingejagt wurde

Dreimal klopfte es an die Haustüre. Die Müllerin schreckte aus ihrem Nickerchen auf der warmen Ofenbank, lief ans Fenster. Draußen stand ein Fremder und begehrte Einlaß. Der Unbekannte stellte sich als Mühlknecht vor. Er komme aus einer großen Mühle im Zenngrund und suche jetzt Arbeit im Alfelder Tal. Die Müllerin musterte ihn von oben bis unten. Wahrhaftig, ein stattliches Mannsbild, ein Goliath an Gestalt, breitschultrig und baumstark. Er hatte den nötigen Armschmalz, um Zentnersäcke spielend wuchten zu können. Warum er nicht dort geblieben sei, wo er herkomme? Ganz einfach, die Mühle sei wie verhext gewesen. Nicht alles sei mit rechten Dingen zugegangen. Die Neugier der Müllerin war geweckt. Sie bat ihn in die Wohnstube und lieh ihm willig ihr Ohr. Das Mühlrad sei unregelmäßig gelaufen, einmal im Schneckentempo, dann wieder wie ein Spinnrad. Die Schützen seien wie von Geisterhand auf- und zugezogen worden. Durch den Mehlgang rieselte Staub anstatt Mehl. Die Stühle tanzten, die Tische wackelten, und die Teller klapperten. Sogar seine Bettstatt bewegte sich. In der Gesindekammer spukte es in der Nacht des Neumonds. Eine bekrallte Pfote zerkratzte ihm das Gesicht. Fürwahr, sein Gesicht zeigte Kratzspuren. Trotzdem lachte die Müllerin lauthals, hielt den Fremden für einen Prahlhans, einen Aufschneider. In der Klaramühle hätte sich derartiger Hexenspuk noch nie ereignet. Im Fall eines Falles sei sie kein Mamakindchen, weder verzärtelt noch schwachherzig. Er könne in der Mühle bleiben. Sie brauche dringend einen zweiten Mühlknecht. Außerdem hatte sie auf den ersten Blick ihr Herz verloren, was wiederum der Fremde nicht zu bemerken schien. Sie zündete eine Kerze an und zeigte ihm die Gesindekammer unterm Dach. Der andere Knecht käme bald. Er sei zur Kirchweih bei der „Kapelle zum heiligen Brunnen" im Leutental. Kaum war der Mühlknecht aus dem Zenngrund auf seinem Strohsack eingeschlafen, kitzelte ihn der heimkehrende Kirchweihbesucher an der Nase, so daß er einen starken Niesreiz verspürte und aufwachte. Am „Heiligen Brunnen" muß es feuchtfröhlich zugegangen sein. „Ich heiße Endres. Und du?" „Ich bin der Matthäus." Matthäus erzählte seine Erlebnisse in der verhexten Mühle. Endres hatte einen Einfall, so als ginge ihm ein Furz durchs Hirn.

Er wollte mit seiner Meisterin, die ihn einen „Tunichtgut" nannte, weil er, statt den Mahlgang zu säubern, oft am Mühlbach saß und den Forellen zuschaute, ein wenig Allotria treiben. Matthäus war kein Spielverderber.

Aus der Vorratskammer holte Endres eine Runkelrübe, höhlte sie mit einem Messer aus, stemmte Augen, Nase und Mund aus dem Fruchtfleisch, und zwar so geschickt, daß die Steckrübe wie ein Fratzengesicht aussah. Innen befestigte er einen Kerzenstumpf. Auf leisen Sohlen schlichen die beiden aus ihrer Kammer, rutschten auf dem Stiegengeländer hinunter in die Mehlkammer. Endres nahm einen leeren Mehlsack, fing die beiden schwarzen Hauskatzen und zwei Mäuse, steckte Katzen und Mäuse in den Sack und bestäubte den Inhalt mit allerfeinstem Mehl. Kein Miauen drang aus dem Sack, so intensiv waren die Katzen mit ihren Leckerbissen beschäftigt. Alsdann holte er mit einem Kienspan Feuer aus der Ofenglut, zündete die Kerze an, steckte sie in die Rübe. Der Rübenkopf wurde auf eine Bohnenstange gespießt. Auf ein verabredetes Zeichen sollte Matthäus den Rübentotenkopf vors Fenster der Müllerin schieben. Endres war mit den Schlafgewohnheiten seiner Meisterin, einer rüstigen Witwe, vertraut. Die Müllerin schlief stets bei offenem Fenster. Flugs holten sie eine Leiter vom Stadel, lehnten sie vorsichtig an die Hauswand. Endres kletterte katzengewandt mit seinem Mehlsack hoch. Auf halber Höhe machte er halt und heulte wie ein Nachtvogel. Matthäus schob langsam die Bohnenstange mit der beleuchteten Rübe vors Fenster. Endres ließ die mehlbestaubten Katzen aus dem Sack, und zwar so, daß sie ins Schlafgemach springen konnten. Die Müllerin erwachte durch das Fauchen der Katzentiere, sah in vier glühende Augen, bekam eine Gänsehaut und zitterte wie Espenlaub. Sie stieß einen Schrei aus und sprang, splitternackt, wie sie der liebe Gott geschaffen hatte, aus ihrem Himmelbett. Der Mühlknecht auf schwankender Leiter bekam Stielaugen. Im Evaskostüm hatte er seine Meisterin noch nie gesehen. Die beiden Burschen lachten sich eins ins Fäustchen,

Der Sonntagsausflug

schlichen in ihre Kammer und schliefen den Schlaf des Gerechten, so als sei nichts gewesen. Anderntags gingen sie der Müllerin aus dem Wege. Sie waren emsig damit beschäftigt, den Mahlgang zu reparieren. Die Müllerin wunderte sich, daß ihre Katzen und ihr schönes Himmelbett voller Mehlstaub waren. Von nun an glaubte sie an Nachtgespenster.

Es schneit große Flocken: Aprilwetter, Sauwetter, Hundewetter Ich flüchte in die gute Stube der Klaramühle. Besser in die Mühle gehen als zum Arzt! so der Volksmund vor Jahr und Tag. Bewegungstherapie des Bauernvolkes oder Drückebergerei vor schulmedizinischen Behandlungsmethoden? „Hilft's nichts, so schad's doch nichts!" Kuschelige Wärme im Raum. Behaglichkeit und Gemütsruhe auf der Kachelofenbank. Ein Plätzchen an der Sonne. Der Müller, „ich bin a Zwölfer (Jahrgang)", erzählt frei von der Leber weg. Einmal in Fluß gekommen, läßt er seiner Zunge freien Lauf. Worte fallen, wie am Schnürchen aufgereiht. Ich schneide Fragen an, klopfe auf den Busch. Wie das so läuft mit der Arbeitsweise einer Mahlmühle, insbesondere mit der Technik des Mahlganges? „Das Getreide wird zuallererscht geputzt. Von der ‚Putzerei' läffts in den Schütttrichter nei und vom Trichter aus über den Walzenstuhl. Des war früher aa annersch, da is des über die Mühlsteine geloffen. Zwischen Läuferstein und Bodenstein wurde des Mahlgut zermalmt. Heute läffts über die Mahlwalzen, da sin Riffeln drauf, feine und grobe. Und dann hatt mer an Klarsichter, und der is geteilt in 12 Fächer. Jo, da mussmer des schon öfters durchlaufen lahn, gut sieben- bis achtmal. Da wird ‚gesichtet': der feine Gries und der grobe Gries, der Dunst und die Schalen und das Mehl. Des sin vier Siebe, des läfft nacher gleich in die Säcke. 65 bis 70 Pfund Mehl kommen raus aus aan Zentner Getreide."

Besichtigung unmittelbar vor Ort. Der Müller mit Blauschürze und Schirmmütze. Mehrstöckig die Mahlmühle. Gewirr von Treibriemen und Transmissionen. Automatische Beförderung des Mahlgutes. Stahlwalzen statt der Mahlsteine. Die alten Mahlsteine, der Läufer und der Bodenstein, liegen noch dort, wo sie früher lagen. Steile, knarrende Stiegen, treppauf, treppab. Stampfen und Rattern der Maschinen. Kaum kann man sein eigenes Wort verstehen. Mehlstaub in der Luft, Reizstoff für Allergiker. Der Müller greift ins Zahnradwinkelgetriebe. Das Mühlrad steht. Friedhofsstille in der Mühle. Ob er das ganze Jahr über mahle? Er streicht sich mit der mehlbestaubten Hand über die Augen. Ein wenig weitschweifig seine Antwort. Mit 16 habe er bereits die Mühle übernommen. „Des war a weng zu viel, und da hatt mer aa viel zu mahlen ghabt, Tag und Nacht manchmal. Da hamm die Bauern immer noch selber gebacken. Jo, jo", sinniert er,

82 Es klappert die Mühle am rauschenden Bach

Klaramühle

Wasserrad, Schleifmühle Lauf

„ich hab a große Kundschaft ghabt, die sin sogar von Sulzbach komma. Heit kommt das Mehl gleich zum Bäcker. Die Bauern backen nimmer. Hauptsächlich wird im Winter gemahlen. Seine Mühle sei nur noch von der Erntezeit über den Winter bis in den Mai hinein ausgelastet. Wie er das eigentlich handhabe mit dem sogenannten „Mitzen"? Stecke da einfach, mir nichts, dir nichts, der Müller einige Pfund Mehl in seine eigene Tasche? „Naa, so geht des net." Seine Mühle sei eine Kundenmühle. Er arbeite meist gegen Naturallohn. „Vom Zentner Getreide wird gerechnet: 6 Pfund für Verstaubung und 12 Pfund für die ‚Mitz' – des is der Lohn. 12 Pfund Getreide bar auf die Hand. Hab ich 20 Zentner Getreide, und vom Zentner behalt ich 12 Pfund, dann sin des für mich 240 Pfund Getreide, des macht ungefähr $2^1/_2$ Zentner." Keine Milchmädchenrechnung, sondern eine Müllerrechnung. Schon sein Vater verlangte diesen Preis. In einer entwickelten Volkswirtschaft ist der Geldlohn die Regel, der Naturallohn die Ausnahme. Handwerk als Hauswerk, von Geldwertschwankungen unberührt.
Gut 700 Jahre sei seine Mühle alt, die älteste im Alfelder Tal. Der Pfleger auf dem Hohenstein „kassierte" zwischen 1270 und 1280 von der Mühle Thalheim, gemeint war die Mühle im „oberen Thalheim", jährlich 2 Simra Getreide (Weizen oder Korn), 3 Käse und dazu etwas Geldzins. In einem 1479 angelegten Verzeichnis der Güter, Rechte und Einkünfte des Klosters Bergen im Propsteibezirk Hersbruck finden wir genau angegeben: Talheim – Clara müllnerin Walburgis 3 Schilling 13 Pfg., Michaelis 3 Schilling 13 Pfg. (Zins), Schweingeld 2 Schilling, Weizen 2 Mutt, 2 Käse oder dafür 2 Haller, 4 Muttkäs, 3 Herbsthennen, 1 Fastnachthenne.
Ob das wohl ein Quelltopf sei, gleich neben der Haustüre, mit dem glasklaren Wasser? „Naa, naa. Da geht von ohm aus a Rohr nunter. Früher, da hatt mer kaan Kühlschrank ghabt, des war dann der Speiseschrank. Aa die Kartoffeln hatt mer drin gwaschen und grieben. Der alte Müller schloß mit 83 Jahren die Augen für immer. Sohn Hans, einer, der Hand anlegen und zupacken kann, trat frühzeitig in die Fußstapfen seines Vaters. Der jahrhundertalte Familienbesitz der Pürner ist bei ihm in besten Händen. „Gemitzt" wird längst nicht mehr. Ansonsten blieb alles beim alten. Gemahlen wird heute noch über das ganze Jahr. Die Kunden kommen von weit her. Das Mühlrad steht selten still. Im Hof der

Heute geschlossen! Pfarrkirche Heldmannsberg

Klaramühle, wo früher die Grenze zwischen der jungpfälzischen (Sulzbacher) Mark und dem nürnbergischen Gebiet mitten durch die Mühle lief und Müller und Schmuggler gern gemeinsame Sache machten, steht ein alter Backofen. Kohlrabenschwarz das Feuerloch. Hier werden freitags die Brotlaibe eingeschossen. Der Teig wird ausschließlich mit der Hand geknetet, seit eh und je. Schwerstarbeit für kräftige Männer- und Frauenhände. Im Alten Ägypten wurde der Teig von Sklaven mit den Füßen gestampft. 700 Jahre klappert die Mühle am rauschenden Kirchthalmülbach.
Seit 8000 Jahren backt der Mensch Brot.

Bachforellen im Mühlbach, pfeilgeschwind den Standort wechselnd. Durchsichtig das Wasser, glasklar. Ferdinand beobachtet die flinken Schwimmer mit Argusaugen. „Und wenn die Fische dann mit dem Bach ins Mühlrad fallen?" Tja, wie stellt das wohl eine Forelle an, daß sie Kontakte mit den Radschaufeln vermeidet? Rauchfahne über dem Backofen. Kerzengerade steigt der Rauch empor, Schönwetterzeichen!
Ofen in Betrieb.
Der Jungmüller begegnet uns im Hof.
Wir drücken seine Hand, entbieten den Morgengruß. Wir kämen gerade zur

Mehlkammer, Klaramühle – ganz Auge, ganz Ohr beim Müller-Vortrag

rechten Zeit. Die Laibe seien bereits eingeschossen. In zirka anderthalb Stunden sei das Brot fertig. Ferdinand und ich nutzen die Backzeit zu einem Bummel durch das Schottental.

Ausgangspunkt unseres Morgenspazierganges ist eine Parkbucht 300 Meter nordwestlich der Mühle in Richtung Thalheim. Fünf Fußminuten nur. Bitte, auf der linken Straßenseite laufen! Wegweiser: Mit Rotring übers Schottenloch nach Hofstetten und bergab zur Klaramühle. Grünes Warnschild mit schwarzem Greifvogel: Naturschutzgebiet. Bayerisches Staatsministerium für Landesentwicklung und Umweltfragen. Goldgelber Anstrich des Wiesengrundes, ein wogendes Meer von Butterblumen. Kuckucksrufe aus dem Grund. Nur das Männchen ruft. Der Kuckuck als der geborene Single, Fremdgeher und Schwerenöter – ein echter Tausendsassa. Die Kuckucksfrau als Nestbeschmutzerin.

Der Jungkuckuck als „Stiefbrudermörder". Ich erzähle Ferdinand intime Details aus dem Leben dieser seltsamen, äußerst scheuen Vögel. Zum dritten Male ruft der Kuckucksmann. Ich ziehe meinen Geldbeutel aus der Gesäßtasche, schüttele ihn kräftig, hoffend, daß er bis zum nächsten Kuckucksjahr stets prall gefüllt bleibe. Aberglaube oder Hoffnungsschimmer? Der Talbach als Wegbegleiter. Nach 100 Metern steigt der Weg stetig. Waldweg bis zur Anhöhe. Waldaustritt: erster Blick auf die katholische Pfarrkirche von Heldmannsberg, dem früheren Helmbrechtsberg. Der Feldweg mit einem Grashöcker führt durch eine Senke. Das Kirchlein verschwindet, taucht wenig später wieder mit

Stadel, Klaramühle

seinem kecken Dachreiter auf. Wegweiser und Scheideweg: geradewegs mit Ockerkreuz nach Heldmannsberg, kurbayerisch seit 1628 – ein Katzensprung nur zur katholischen Enklave in protestanischer Umgebung und zur schmucken katholischen Pfarrkirche Mariae Himmelfahrt, einer ehemaligen Wallfahrtskirche (Baujahr 1674) mit prächtiger Barockkanzel. Rechts abwärts mit Rotring zum Schottenloch. Am Bärenfelsenhang das seltene Große Windröschen. Bergab in den Talgrund. Markierung am Bärenfels. Quellflur des Talbaches. Eidottergelb der Sumpfdotterblumen ins Auge springend. Stolpersteine als Bachbrücke. Trockenen Fußes hinüber. Ferdinand behende als Bachüberquerer. Steiler Jurahang, wacholderbestückt. „Schäfchen!" schreit Ferdinand. Schafweidenkultur unverfälscht. Weit und breit kein Schäfer in Sicht. Elektrozäune als Schafpferche. Zauntore bitte schließen! Drahtschlaufe einhängen! Wir treffen den Schafhalter, wechseln einige Worte. Trotz „Mutterschafprämie" kann wohl von der Schäferei allein keiner leben. Billigstimporte führten zu Preiseinbrüchen auf dem Markt. Jeder Bundesbürger verzehre ohnehin nur ein Kilogramm Lammfleisch pro Jahr. Seine Schafe seien „natürliche Mähmaschinen". Früher

sei ein richtiger Wildwuchs am Hang gewesen. Jetzt sehe er wieder leidlich aus. „Mir hamm die Schaf eingesetzt, damit der Charakter des Jurahanges erhalten bleibt" – ein löbliches Unterfangen! Geläut der Kirchenglocke. Resonanz im Talboden. Schafgeblöcke dazwischen.
Versteckte Felsgalerie zur Linken. Eingang zum Schottenloch. Hangwald zur Rechten. Der Weg wird breiter. Wir achten auf Rotring-Markierung. Achtung! Urplötzlich rechts vom breiten Weg abweichen. Waldweg, Trittspuren. Fußpfad, anfangs gemächlich, später steil hoch. Nach dem Waldaustritt links halten! Nach 100 Metern Pfeilmarkierung an einem Ahornbaum. Rechts abbiegen und weiterhin rechts halten. Markierung! Der Wanderweg beschreibt einen großen Bogen, führt an einem versteckten Gartenhaus vorbei (zur Linken) und mündet in das Sträßlein, das von Wüllersdorf nach Hofstetten hinaufzieht.
300 Meter bis zum Ortseingang Hofstetten, Gemeinde Pommelsbrunn, Kreis Nürnberger Land. Zwei Kilometer bergab zur Klaramühle. Bergwiesen beidseits des Weges. Blick auf das Bergdorf Wettersberg.
300 Meter vor der Mühle führt ein verwachsenes Steiglein hinunter zur Kirchthalmühle. Fassade der Mühle mit Eternit ver-

nagelt. Einheitsverpackung eines alten Hauses, ödes, graues, unsolides Haus aus Kunststoff. Holzbackofen, von einern Obstbaum beschattet, längst außer Betrieb. Pfälzische Untertanen zogen früher ins nürnbergische Gebiet, um ihr Getreide mahlen zu lassen. Die Müller im Alfelder Tal betrieben mit ihren Kunden regen Warenschmuggel. Um dies zu verhindern, wurde 1718 auf pfälzischem Boden eine neue Mühle durch den Sulzbacher Pfalzgra-

fen errichtet. So entstand die „Neumühl" oder „Kirchthalmühle". Wirtshaus heute. Spezialität: frische Forellen aus dem Mühlbach und hausgebackener Käsekuchen. Dienstag Ruhetag. Altes Hausschild an der Hauswand:
„Einöde Kirchthalmühle
Die Seele – Gott
Das Schwert – dem König
Das Herz – den Damen
Die Ehre – mein eigen."

Der Pfiffikus

Kuckucke
sind Zugvögel, Nestbeschmutzer (Brutparasiten) und „Stiefbrudermörder". Sie legen ihre Eier in die Nester fremder Vögel, deren Eier ähnlich aussehen. Der ausgeschlüpfte junge Kuckuck wirft seine Stiefgeschwister aus dem Nest. Nur die Männchen rufen. So bekannt ihr Ruf, „Kuck, kuck, kuck, kuck, ruft's aus dem Wald …", so unbekannt sind die scheuen Vögel, die kein Familienleben kennen.

Großes Windröschen
Am Bärenfelshang (Schottental); auch Waldwindröschen oder Waldanemone. Blütezeit April bis Juni. Blütendurchmesser bis sieben Zentimeter! Weiße Blüten und weißbehaarte Blätter. Die Waldanemone liebt kalkhaltige Böden, lichte Trockenwälder und Halbtrockenrasen. Typische Jurapflanze. Sehr selten! Geschützt! Gehört ebenfalls zur Familie der Hahnenfußgewächse.

Oberschlächtige Wasserräder
gibt es seit dem 13. Jahrhundert. Sie brauchen ein hohes Wassergefälle (Gebirgsbäche!). Das Wasser gelangt durch ein „Gerinne" von oben auf das Mühlrad. Oberschlächtige Räder nutzen neben dem Druck des Wassers auch noch dessen Gewicht aus, deshalb der größere Raddurchmesser. Heute findet man sie nur noch sehr selten. Das Mühlrad der Klaramühle ist oberschlächtig.

Unterschlächtige Wasserräder
sind die älteste Wasserradform. Das gestaute Wasser strömt durch Wehre oder Graben an die Radschaufeln. Bis ins 19. Johrhundert hinein war das Wasserrad die wichtigste Kraftmaschine.

Mahlmühlen
sind die ältesten Wasserwerke. Sie dienten dazu, Sachen zu zermalmen oder zu zermahlen. Ursprünglich von Hand betrieben, dann von Tieren, später mit Hilfe der Wasserkraft. Mühlen wurden im Mittelalter von den Mühlenbesitzern (weltliche und geistliche Grundherren) zur Leihe (Lehen) an einen Müller gegeben. Die Technik blieb bis ins 19. Jahrhundert gleich: Ein Mahlgang wurde von einem Mühlrad über einen Zahnkranz in Bewegung, gesetzt. Über eine Welle war das Zahnradwinkelgetriebe mit einem Mühlstein verbunden, der das Korn zermahlte. Heute gibt es Großmühlen als „Mehlfabriken". Der Antrieb erfolgt nicht mehr durch Wasser, sondern durch elektrischen Strom.

Sumpfdotterblume
Blüht von März bis Juni im Quellgebiet des Talbaches (Schottental). Ihre fünf großen Kelchblätter sind dottergelb und fett glänzend. Sie liebt Quellfluren, sumpfige Wiesen, Bachufer und Auwälder. Schwachgiftig! Sie gehört zur Familie der Hahnenfußgewächse.

Der Elternkompaß

Was am Wegrand?
Das einsame Schottental mit seinem wacholderbestückten Jurahang. Das bewaldete Kirchthal oberhalb der Kirchthalmühle. Die in den Jahren 1673 bis 1679 nach dem Plan des Meisters Wolfgang Hurstetter erbaute katholische Pfarrkirche Mariae Himmelfahrt in Heldmannsberg – eine Barockschöpfung. Hochaltar um 1685, Seitenaltäre zweite Hälfte des 18. Jahrhunderts. Chor mit barocker Imitation eines Netzgewölbes. Pfarrhaus 1772. Die 700 Jahre alte Klaramühle, die heute noch mit Wasserkraft mahlt.

Wann am besten?
Zur schönen Maienzeit (Flora im Schottental!) und im Oktoberherbst (Farbpalette der Wälder).

Wie sich orientieren?
Bahnstation Hersbruck rechts der Pegnitz (auch Pendolino-Station! – VGN Liniennummer R3). Bushaltestelle Regelsmühle (Omnibusverkehr Hersbruck-Alfeld; VGN Liniennummer R 321). Auch über Hersbruck links der Pegnitz mit Omnibusanschluß möglich.- (Liniennummer R4). Mit dem Auto von Nürnberg über die A6 (Autobahn Nürnberg-Amberg), Ausfahrt Alfeld. Rundkurs ab Regels- bzw. Klaramühle: zirka 5 Kilometer. Mit Einschluß von Heldmannsberg 6 Kilometer. Steilaufstieg vom Schottental zur Barockkirche beziehungsweise umgekehrt Steilabstieg. Stetig steigend nach Hofstetten. Hans Pürner, Müller der Klaramühle, zeigt Familien mit Kindern gerne die „Innereien" seiner mehrstöckigen Mahlmühle. Beste Karte: Topographische Karte 1:25 000, Blatt 6535 Alfeld.

Wo rasten und nicht rosten?
In den Quellfluren des Talbaches (Schottental). Auf der Ruhebank an der Hangkante des Jurahanges (Schafpferch), wenige Meter von der Heldmannsberger Barockkirche. Ein Platz für Naturschwärmer und Landschaftsgenießer! In unmittelbarer Umgebung der Kirchthalmühle.

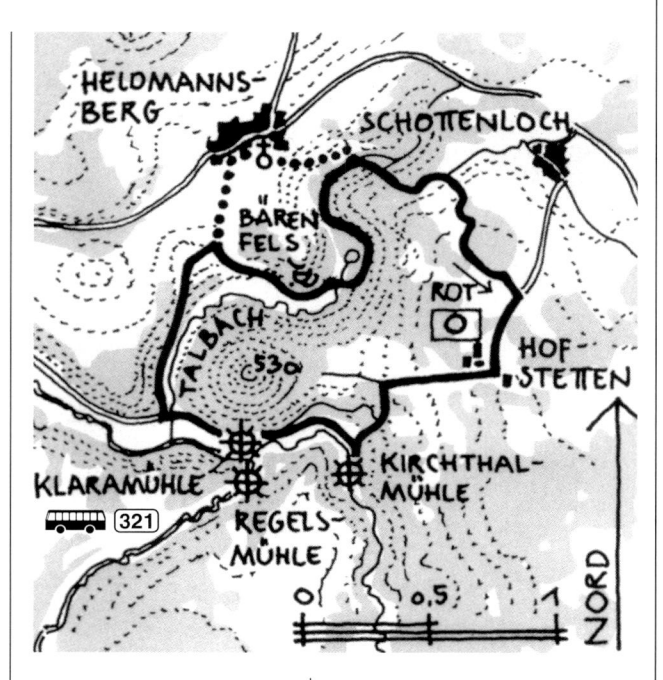

Von der Teufelskirche zur Teufelshöhle

Die Jäger aus der nahen Stadt waren tipptopp angezogen und ausgerüstet. Sie trugen breitkrempige Federhüte, enge Kniehosen und knielange Leibröcke mit breiten Ärmelaufschlägen. Einige mit funkelnagelneuen Steinschloßgewehren, leichten Flinten mit langem, glattem Lauf, andere mit kurzen Flinten, sogenannte Schrotstutzen. Kostbare Jagdwaffen mit handwerklich kunstvollen Gravierungen auf der Schloßplatte. Der Burgherr aus dem nahen Burgthann hatte zur Hasenjagd geladen. Ungeduldig zerrten die Spürhunde an der kurzen Leine. Kaum war die Meute losgelassen, begannen die Schützen auf breiter Front über Stock und Stein auszuschwärmen. In Schußpositur standen sie vor einer wilden Schlucht, wohin die Hunde die Hasen trieben. Die Jäger spannten die Abzugshähne, zielten und ballerten wild drauflos. Doch, so oft auch einer den Zündmechanismus betätigte, wurde ihm, wie von Geisterhand, der Gewehrlauf weggestoßen. Ein Schütze beobachtete, wie ein Unbekannter mit großen Krallen aus seinem Leibrock an den Gewehrlauf eines schußbereiten Waidmannes stieß. Er schlug Alarm. Hol mich der Teufel, da muß wohl der Höllenfürst seine Hand im Spiel haben. Alle Jagdgäste legten nunmehr auf den Unhold an. Der saß in der Falle, geriet in Weißglut, spie Gift und Galle. Schaum stand vor seinem Mund, als er mit einem Höllenlärm mächtige Felsbrocken lockerte und in die Schlucht warf, wo sie heute noch liegen.

Plötzlich bleckte der Leibhaftige die Zähne, stieß einen Angstschrei aus, zog seinen Quastenschwanz ein und stürzte kopfüber in die Felsenschlucht. Fehltritt oder Finte? Der Beelzebub lachte sich ins Fäustchen, grub geschickt mit seinen Krallen einen Stollen in den Sandsteinfels, entschwand seinen Häschern und erblickte erst wieder in Prackenfels das Tageslicht. Seitdem soll es einen unterirdischen Gang von der Teufelskirche bis zu dieser Ortschaft geben. Nach dem Teufelsklamauk war es mäuschenstill wie in einer Kirche. Von nun an hieß diese Schlucht „Teufelskirche". Das Teufelswerk kann noch heute besichtigt werden. Wer's glaubt, wird selig.

Der Sonntagsausflug

In genau 30 Minuten karrt die S2 Landschaftsgenießer und Naturschwärmer, Sonntags- und Werktagswanderer vom Nürnberger Hauptbahnhof in das ehemalige Universitätsstädtchen Altdorf. Mein Lieblingsweg zum Marktplatz: S-Bahnstation. Links beidrehen! Weg ausschließlich für Fußgänger und Radfahrer. Großparkplatz zur Linken. Sieben Treppenstufen hoch. Zehn Meter links abschwenken, dann rechts abzweigen. Schmale Gasse. Einmündung in die Türkeistraße. Rechts einen Haken schlagen. In der Königsbühlstraße den Kurs ändern. Ohne Umschweife in die Hermanngasse hinein. Ein Prachtstück der Kirchturm der Laurentiuskirche mit seiner offenen Galerie. Fachwerkschönheiten rundherum. Zebrastreifen vor dem Rathaus. Den Markt überqueren. Die Collegiengasse führt direkt zur ehemaligen Alma mater (Universität). Haupteingang durch das malerische Torhaus leider verschlossen. Hintereingang durch das heutige Wichernhaus. Die Fassade fast unverändert. Monumental der erste Eindruck. Der mächtige Uhrturm übersteigt mit drei Geschossen den Mitteltrakt. Das Torhaus mit bemalter Rahmung. Der Brunnen im Innenhof eine Augenweide. Die Wanderschatten der Sonnenuhr stückeln die Zeit, machen sie meßbar. Zeit verläuft ebenso nach rückwärts wie nach vorwärts.

In diesem Hof wird Geschichte vergegenwärtigt, er verzaubert. Wir atmen die ganze Luft der Vergangenheit ein. Mehr als 20 000 Namen nennt die Matrikel (Verzeichnis) der Universität Altdorf, darunter Koriphäen und Kapazitäten, adelige Respektspersonen und spätere Volkshelden. Eingeschrieben im Wintersemester 1599/1600 ein 16jähriger böhmischer Waisenknabe. Ein Schönling von schlanker Gestalt, mit hoher Stirn und dunklen, glänzenden Augen, von Kopf bis Fuß etwa 172 Zentimeter messend. Besagter Grünschnabel muß als Altdorfer Student ein rechter Rauhbauz gewesen sein, kühlte wiederholt sein Mütchen an braven Bürgersleuten, trat Haustüren ein, zerschlug Fensterscheiben, ließ den Spanischen auf dem Hintern seines Dieners tanzen, prügelte ihn spitalreif, stach einen Kommilitonen ins Bein und war in einen Mordfall verwickelt. Zwei Tage verbrachte er im Nürnberger Gefängnisturm Luginsland. Ein Studiosus blauen Geblüts, Radaubruder und Rabatzmacher, Freiherr noch dazu, „hochgeboren" und mit allen großen Häusern Böhmens verwandt. Ein gewisser von Waldstein. Kein Geringerer als Albrecht Wallenstein.

Besagter Wallenstein, ein Siebenmonatskind, der mit 10 seine Mutter und mit 12 seinen Vater verlor, spukt noch in den Köpfen von Ferdinand und Leo, als wir das Obere Tor passieren und in den Mühlweg hineinschlendern. Roßweiher mit Wasserfontäne am Stadtgraben. Der Mühlweg zieht sich ein wenig. Mach bei einer Kreuzung einen Schwenk nach rechts. Lauf die Pfaffentalstraße entlang, biege am Autohaus Rieger links ab und folge der Prackenfelser Straße. Hinweisschild: Prackenfels zwei Kilometer. Autobahnunterführung, Markierung Nummer 4 und blauer Querstrich. Kaum Autoverkehr auf dem Prackenfelser Sträßchen.

Behalte einen Einzelhof, den sogenannten „Striegel" im Augenvisier. Hochspannungsüberlandleitung. Ein Feldweg zweigt ab. Verbotsschild! Ausnahmen für den land- und forstwirtschaftlichen Verkehr. Querweg an einem Niederspannungsmast. Biege mit Blaustrich rechts ab. Pfahlwegweiser aus Metall. Marschiere direkt auf die A3 zu. Crescendo der nahen Autostrada, daß einem die Ohren gellen. Bullern der schweren Brummis. Trommelwirbel der hochgezüchteten Motoren, an- und abschwellend. Jedes Automobil in einem anderen Singsang. Unerwünschte, unmusikalische Laute.

Hallo, niemand zu Hause?
Vorhof, Schloß Grünsberg

Öffentlich legitimierter Lärm. Es gibt kein Entkommen. Es sei denn eine allgemeine Taubheit als letzte Konsequenz.
Wirf einen Blick zurück. Juraberge kulissenhaft aufgebaut, das Tal der Schwarzach tief eingeschnitten. Unter der Hochspannungsleitung hindurch. Häuser von Stürzelhof in Sicht. Im rechten Winkel links abschwenken, Richtung Westen. Zirka 30 Meter zum Waldrand. Waldeintritt an einer Buche. Privatweg. 52 Holztreppenstufen abwärts. Querweg links ab. Urplötzlich rechts einschwenken. Bohlenbrücke über den Bach. Neun Holztreppenstufen hoch. Dreieck, grün umrandet, mit Raubvogel: „Naturdenkmal". Warnschild: „Betreten auf eigene Gefahr!" Des Rätsels Lösung steckt inmitten der Teufelsschlucht: abgerutschte Felsbrocken als Sperriegel im Bachgrund. Richtiger müßte es heißen: „Schluchtweg auf eigene Gefahr!"
Die Neugier der Kinder ist geweckt. Wir jedenfalls möchten auf „eigene Gefahr" die drohende Gefahr einmal näher kennenlernen. Ferdinand und Leo sind keine Angsthasen. Ich beruhige trotzdem: „Bangemachen gilt nicht! Es besteht nirgendwo eine Absturzgefahr, weder von Felsbrocken noch von Schluchtbegehern." Ausrutscher im morastigen Bachufer enden bestenfalls

Wasserspiele, Teufelskirche

mit einem nassen Hintern. Eltern mit Klein- oder Kraxenkindern wird empfohlen, den Schluchtenweg mit Hilfe der Blaustrichmarkierung (nach der Bohlenbrücke rechts ab!) zu umgehen.
Serpentinen abwärts, drahtseilversichert für ängstliche Gemüter. Beileibe kein Klettersteig! Ferdinand und Leo, beide klettersteigerprobt, brauchen hier weder Steinschlaghelm noch Brust- und Hüftsitzgurt mit Klettersteigkarabiner. Anfang der Schlucht, sogenannter „Hoher Schlag". Mutter Natur als Bühnenbildnerin. Der furchterregenden Wolfsschlucht täuschend ähnlich. Schauplatz aus Webers „Freischütz: der Höllenspuk mit dem wilden Heer und dem schwarzen Jäger. Verwunschener Ort zur Mitternachtsstunde. Zur Mittagsstunde ins richtige und rechte Licht gerückt. Sturzbad des Baches. Kaskaden und Katarakte. Wasserwirbel auf ausgekalktem Fels. Spritzbrunnen einer Wassersäule, an die drei Meter hoch. Es ist still. Oder doch nicht? Selbst die Buben machen keinen Muckser, staunen Bauklötze. Lärmende Wasser erzeugen Lust am Hören. Wasserspiele der Teufelskirche nach ergiebigen Niederschlägen.
Zwei Schächte im Dämmerdunkel, von Menschenhand in den Fels getrieben. Kein

Eingang Teufelshöhle

Teufelswerk! "Opa, da hast du uns aber einen Bären aufgebunden." Geheimnishüter, die unsere Aufmerksamkeit wecken. Erst letzthin drang ich mit verhaltenem Atem, ausgerüstet mit Stirnlampe und Gummistiefeln, in ihr Halbdunkel ein. Der linke Schacht endet nach 20 Metern blind. Etwa fünf Meter nach dem Eingang zweigt ein ersoffener Nebenstollen rechts ab. Bis zu den Knien watete ich in einer braunen Brühe. Der zweite Schacht führt etwa fünf Meter in den Berg hinein. Der ausgehöhlte Berg als idealer Schatzort. Menschen im 16. Jahrhundert auf Schatzsuche im „Silberloch", begierig nach „schwarzem Gold", nach Kohlenflözen im Rhätsandstein. Talwärts längs des Baches im Dunstkreis der Schlucht. Baumstämme kreuz und quer liegend, moosüberwuchert. Grün als Grundfarbe: gelbgrün, grasgrün, moosgrün, giftgrün, flaschengrün. Glitschig der Pfad, schlammig die Humusbrühe. Die Kids als Vorhut im Vortrab. Sicher im Tritt. Der Bach als Wegweiser. Außenherum oder mittenhindurch? Umwege werden in Kauf genommen. Rinnsal aus einer Seitenschlucht. Felsen ausgewaschen. Betaut dumpfig die Luft.
Gestauter Bach inmitten der Schlucht. Tonnenschwere Sandsteinkolosse als Staumauer. Der Wanderer steht und staunt. Eine Wegesperre von Zyklopenhand errichtet? Ein Mirakel der Natur? Sollte gar der Leibhaftige, durch Bodybuilding gestärkt, in dieser nicht ganz geheueren Gegend sein Unwesen getrieben haben? Ergebnis seiner Kraftprotzerei: ein zweites Naturdenkmal neben der Nummer eins, den Kaskaden der Teufelskirche. Namensgeber gesucht. Wie wär's mit „Teufelssteine"?. Wind und Wetter ließen die massigen Felsklötze in den Bachgrund rutschen – moderne Objektkunst in einem imposanten Mini-Cañon. Wie weiter? Kein Problem und kinderleicht. Trittspuren am Steilhang weisen den Weg hinauf und hinunter. Nur wenige Meter.

Die Passage ist völlig harmlos, weder halsbrecherisch noch heikel.
Achtung! Zirka 100 Meter vor Erreichen der ersten Häuser von Grünsberg führen Trampelpfade am jenseitigen Bachufer zum versteckten und versiegten „Doktorsbrünnlein". Bruchsteine moosüberzogen, kaum wahrnehmbar. Buschwindröschen am Hang. Durchfeuchtet der Boden. Geringer Wasserauslauf heute. Früher ein Springquell, durch Rohrfassung verstärkt. Einstmals wunderwirkend für Dampfnudeln und Dickwänste, verjüngend für alte Krauterer und Knickstiefel. Standard-Medikation des Doktor von Fabrice, weiland Hochschullehrer in Altdorf. Wiederhergestellt erhielte der Abspeckungsquell, in einer Zeit, wo viele Menschen gut im Futter stehen, mutmaßlich massenhaft Zulauf.
Erste Häuser von Grünsberg. Straße „Am Doktorbunnen". Vor zur Hauptstraße. Schloß über der Schlucht. „Versteckburg" derer von Stromer. Seit 1754 sitzen die Stromer auf Grünsberg. Hans der IV. Stromer, 1517-1592, soll in seiner lebenslänglichen Haft auf dem Nürnberger Luginsland 20 440 Bratwürste verzehrt haben. Buße für „Frevelreden" mit leichter Zunge gehalten. Dreigeschossiges Herrenhaus, im Vorhof Pächter- und Verwaltungshaus.

Sandsteinkolosse

Gasthaus „Zum Postmeister" als Visavis. Gutbürgerliche Küche. Jede Menge fränkischer Brotzeiten auf dem Holzbrettla. Paulaner-Biere aus München, ausgeschenkt in Grünsberg. Vor dem Schloßportal zwei Uraltlinden. Mit Blaukreuz 25 Steintreppenstufen unmittelbar steil abwärts. Furt über den Forresbach. Am „Emilsbrunnen" vorbei. „Zum Andenken an den verdienstvollen Familienadministrator Emil Freiherr von Stromer." Bergab ins Tal der Schwarzach. Ruhebank gestiftet von der Metzgerei Kellermann. Weiter auf einer gemütlichen Promenade. Breite Talaue. Juradolomit als Gedenkstein zur Rechten: „Zur Erinnerung und aus Dankbarkeit den Menschen gewidmet, die unserem Sohne Walter Schwäger, geboren 24.8. 1924, gefallen 19.4.1945, die letzte Ehre erwiesen haben." Eisernes Kreuz darüber. Stahlhelm statt Totenkreuz, fest verankert und einzementiert. Gefallen in allerletzter Minute. Wahnwitz eines sinnlosen Krieges.
Weidenkätzchen als Frühlingsvorboten. Herrlicher Talblick. Häuser von Lochmannshof. Fachwerkneubauten mit Basketballplatz. Evangelische Tagungsstätte. Unser Weg mündet in eine Bergstraße ein. Haus Prackenfels Nummer 20 als Gegenüber. Rechts abbiegen und zur Schwarzach

Schacht-Geheimnisse?

bergab. Die Brücke nicht überschreiten! Ein Katzensprung nur zur nahen Prethalmühle. Jahreszahl 1683 über der Haustüre. Schmuckes Fachwerk. Lagerhallen in Backsteinbauweise.

Achtung! Nach der Mühle im spitzen Winkel von der Straße ab und steil bergauf. Rotkreuz-Markierung und Main-Donau-Weg. Mit Rotkreuz bis Altdorf. Hoch durch lichten Buchenwald. Enge Schlucht tief unten. Die Teufelshöhle „gesperrt" – zu Recht, da Einsturzgefahr der Höhlendecke. 46 Eisensprossen geländerversichert abwärts. Lochbleche führen zum Höhleneingang. Sei vernünftig, bleib draußen! Wir picknicken vor dem Eingang. Drei gehauene Treppenstufen in einem Findling vor der Höhle geben Rätsel auf. Tief unten gluckert ein Rinnsal. Verfallene Bohlentreppenstufen führen hinunter. Schneller als die Maus ein Loch findet sind die beiden Buben unten und stürmen wieder herauf. Zurück zum Wanderpfad. Herrlicher Wiesenhang. Eine Schafherde zieht vorüber. Hunde treiben die Herde.

Das Tun des Hirten bleibt dem Wechsel der Jahreszeiten und den Wetterwolken nahe. Bergab ins Pfaffental. Gartenviertel am Stelzenviadukt der Autobahn Nürnberg-Regensburg. Wiesenweg endet unterm Viadukt. Feldweg hoch zur Pfaffentalstraße. Rechts abschwenken zum Mühlweg und auf altbekanntem Weg zum Altdorfer Marktplatz.

Mit einem Mordshunger kehren wir im „Roten Roß", Oberer Markt 5, ein. Der Leiter der Schluchtenexkursion schwankt zwischem einem „Fränkischen Krustenbraten in Braunbiersauce mit Kloß" und einem „Lammrückenfilet auf Ratatouille mit Kartoffelgratin". Ferdinand und Leo haben die Qual der Wahl zwischen „Münchhausens Kanonenkugel mit Sauce" oder „Zorros Schnitzelspieß mit Pommes". Durst löschen kommt vor Hunger stillen. Können wir uns zur Feier des Tages drei Kugeln Stratiacella beim Italiener gleich nebenan leisten? Wir können.

Gesättigt und neubelebt ziehen wir von dannen, streunen durch Gassen und Gäßchen von Altdorf: die Hesselgasse, die Kiliansgasse, die Schmiedegasse, die Silbergasse, die Neubaugasse, die Drechslergasse, die Feilturmgasse, die Collegiengasse, bewundern Schlupfwinkel und Fachwerkgiebel. Auf dem Unteren Markt endet unsere Entdeckungsreise. Wer findet auf Anhieb den „Schleichweg" zum S-Bahnhof? Ferdinand führt mit sicherem Instinkt umweglos hinunter zum Bahnhof.

Pfiffikus

Wallenstein
Richtiger Name Albrecht von Wald(en)stein. Herzog von Friedland. Berühmter Feldherr des Dreißigjährigen Krieges (1618–1648). Glaubte an die Sterne, die Sterngucker und die Sterndeuter. Am 24. September 1583 in Böhmen geboren. Sah zehnjährig seine Mutter sterben, verlor mit 12 Jahren seinen Vater. Verlegte sich als Gernegroß früh aufs Soldatenspiel und kommandierte die Kinder der Bauern in Schlachtordnung. Studierte als 16jähriger böhmischer Freiherr in Altdorf. Erstochen von einem irischen Hauptmann in Eger am 25. Februar 1634.

Sandsteine
sind aus kleinen und allerkleinsten Sandkörnchen zusammengesetzt. Diese „Sandkörnchen" sind nichts anderes als glitzernde Quarzkristalle. Buntsandstein nennen die Geologen einen bestimmten Abschnitt der Erdgeschichte, in dem rote Sandsteine häufig waren. Reine Sandsteine sind selten. Wegen ihrer schönen Farben waren sie seit altersher beliebt als Baumaterial. Daher der Name „Burgsandstein", aus dem die Nürnberger Burg gebaut wurde. In den Schluchten nahe Altdorf findest du den goldbraunen Rhätsandstein.

Der Elternkompaß

Was am Wegrand?
Die Bilderbuchstadt Altdorf mit dem ehemaligen Universitätsgebäude, der evangelischen Stadtkirche Sankt Laurentius und malerischen Winkeln, Gassen und Gäßchen. Wallensteinfestspiele im dreijährigen Turnus. Nächste Spielzeit Sommer 2000. Rhätsandsteinschlucht der „Teufelskirche" (Naturdenkmal): wildromantisches Engtal, Wasserspiele nach ergiebigen Niederschlägen. Schloß Grünsberg, das „Versteckschloß" der Freiherren von Stromer, mit Schloßgarten südlich des Schlosses (sogenannter Himmelgarten). Sophienquelle westlich von Grünsberg mit Quellfassung und Sandsteinbalustrade. Die Teufelshöhle.

Wann am besten?
Im Spätfrühjahr und Hochsommer, da sonst streckenweise in der „Teufelskirche" schmierige Pfade. Im Farbenrausch des Oktoberherbstes.

Wie sich orientieren?
S-Bahnstation Altdorf. Endstation der S-Bahnlinie 2. Leichte Wanderstrecke. Zirka 8 Kilometer ab Bahnhof Altdorf. Kurzer Steilaufstieg zur Teufelshöhle. Schmierige beziehungsweise feuchte Wegstrecke in der Teufelsschlucht („Teufelskirche"). Schluchtbegehung derzeit auf „eigene Gefahr". Keine Absturzgefahr! Gummistiefel oder Gore-Tex-Stiefel empfehlenswert! Schlucht kann umgangen werden (Blaustrich). Höhlenraum der Teufelshöhle nicht betreten (Einsturzgefahr!). Beste Karten: Topographische Karte 1:25 000, Blatt 6634 Altdorf und Blatt 6633 Feucht; 1:50 000 Blatt L6734 Neumarkt/Oberpfalz und Blatt L 6732 Schwabach (zur Übersicht!).

Wo rasten und nicht rosten?
In der Teufelskirche (schattiger Rastplatz). Im Tal der Schwarzach (Auenlandschaft). Nach der Teufelshöhle (Wiesenhang mit wilden Obstbäumen). Am Roßweiher in Altdorf: Ruhebänke, Wasserfontäne und gußeiserner Brunnen.

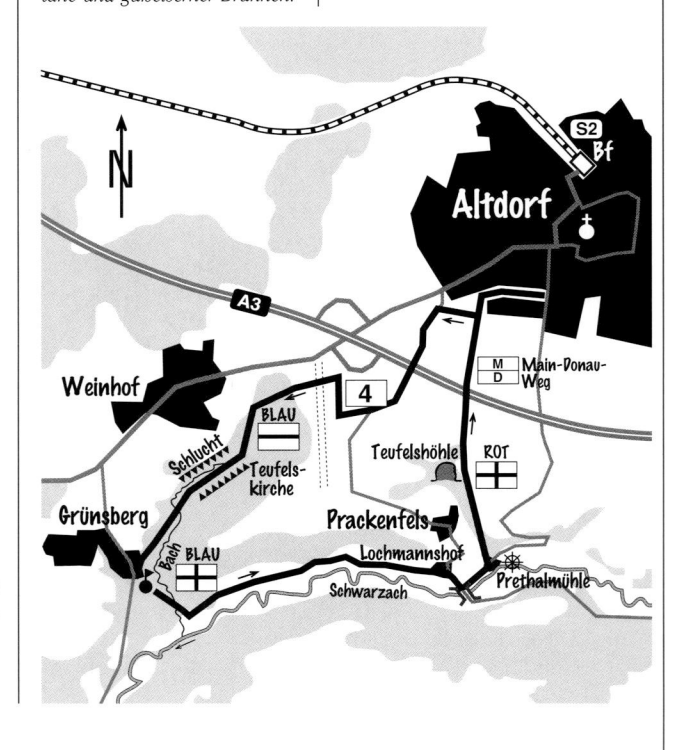

Schnorgackel, Schnabelfische und Schlangensaurier

Der Kleinste ist der Aller-Allergrößte

„Ich bin der Größte", brabbelte der Brontosaurus vor sich hin. Oft dachte er laut, führte Selbstgespräche, um seine Eitelkeit zu befriedigen. Zur Zeit stand er gut im Futter. 30 Tonnen brachte der Pflanzenfresser leicht auf die Waage. Beileibe kein Fliegengewicht bei seinen 21 Metern Länge, von Kopf bis Schwanzende gemessen. Er reckte seinen langen Giraffenhals, trommelte mit seinen Riesensaurierfüßen an die vor Stolz geschwellte Saurierbrust, prustete und schnaubte wie ein Nilpferd. Bunte Ammoniten, die auf den Wellen schaukelten, fluteten vor Schreck ihre Schneckenluftkammern, tauchten unter. Dem Brontosaurus gelüstete nach einem Landausflug. Unbeholfen tapste er an Land, begleitet von seiner Jugendliebe. Tonnengewichte der Fleischkolosse hinterließen Einsturztrichter im Sand.
Mit Argusaugen überwachte die „Donnerechse" (Brontosaurus heißt soviel wie „Donnerechse") das Eiergeschäft der Freundin. Vielleicht lauerte ein Allosaurus, ein Fleischfresser mit messerscharfen Säbelzähnen und gräßlichen Krallen, hinter einem Palmfarn? Auf dem Festland waren die Pflanzenfresser ein gefundenes Fressen für die Fleischfresser. Madame Brontosaurus legte vier bis fünf Eier fein säuberlich in eine Sandmulde, trat dann schräg zur Seite, um diesen Vorgang fünfzehn- bis zwanzigmal zu wiederholen. Eier so groß wie ein Fußball! Plötzlich schwappte eine Flutwelle über die Eiernester, schwemmte sie ins Wasser. Aus den Fluten entstieg ein Riesenlulatsch, ein wandelnder Fleischkoloß, eine Ausgeburt von Häßlichkeit. Sein Drachenkopf ragte 12 Meter über den Erdboden. Seine Vorderbeine waren länger als die Hinterbeine. Nur ungern verließ das Riesenmonster das Wasser, stieg an Land, würdigte das Brontosaurierpärchen kaum eines Blickes. „Ha, wer ist hier weit und breit der Größte? Ihr seid wohl größenwahnsinnig geworden? Ich allein wiege so viel wie ihr beide zusammen, ha. Ich habe Mumm in den Knochen. Ich bin ich. Bin ich nicht ein Fetzenkerl! Ha, ha, ha."
Eine Flugechse auf einer nahen Felsenklippe bekam Wind von den Stänkereien der Riesensaurier, spannte ihre Flughaut, setzte zum Gleitflug an und landete zielsicher auf dem Rücken des Riesenviechs namens Brachiosaurus. Mit einem Peitschenschlag seines Schwanzes versuchte das Ungeheuer, den Flugdrachen abzustreifen. Vergeblich. Der Segler saß mit seinen Krallen sattelfest. „He, – ihr Prahlhänse, ihr Blender und Aufschneider. Daß ich nicht lache. Ich bin der Größte. Ich allein kann etwas, was ihr nicht könnt und niemals lernen werdet. Ich kann segeln. Gell, da glotzt ihr dumm, ihr Blödiane mit eurem Spatzenhirn!" In der Tat, das Körpergewicht der Riesensaurier war 50 000mal größer als ihr Hirngewicht. Unterdes hüpfte im Schatten der Riesenfarne ein munteres Urviech im Kreis herum. Gar komisch anzuschauen: mit richtigen Federn geschmückt, bunt wie ein Papagei, mit einem Eidechsenwirbelschwanz, langen, scharfen Krallen und Zähnen im Ober- und Unterkiefer. Aufgescheucht vom Lärm der Streithähne, erhob sich das hühnergroße Tier in die Lüfte und landete nach einem kurzen Flatterflug auf dem Kopf des Brontosaurus. Der kriegte Stielaugen und brummte mit seiner Baßstimme: „Wer bist du?" Ohne zu stottern stand das Flattertier Rede und Antwort: „Ich bin der Urvogel." „Was bist du doch für ein komischer Vogel. Laß dich mal richtig anschauen: halb Kriechtier, halb Vogel", sagte die Flugechse. Der Urvogel war nicht auf den Mund gefallen. Spontan hielt er eine Rede an die versammelten Riesenechsen.

„Ätsch, ihr Lügenmäuler und Schaumschläger, ihr Grasfresser und Schleimscheißer. Ich allein bin der Aller-Allergrößte. Ich, der Urvater aller Vögel. Ich kann fliegen, auch ohne Wind. Ich besitze ein kostbares Federkleid. Ätschebääääh. Ich kann nicht nur fliegen. Ich kann aus den Sternen lesen. Da staunt ihr Bauklötze. Hört gut zu, ihr Drachenhohlköpfe! Die Sterne stehen schlecht für euch Ungeheuer. Alle Anzeichen sprechen dafür, daß die Herrschaft der Riesenmonster in 130 Millionen Jahren zu Ende sein wird. Kein Hahn wird nach euch krähen. Mich aber wird man noch in 150 Millionen Jahren mit Gold aufwiegen. Dann wird eines schönen Tages den supergescheiten Zweibeinern, diesen Minimonstern mit ihrem Hirnschwergewicht, ein Licht aufgehen. Sie werden erkennen, daß alle Vögel von mir abstammen – und sie selber, die Zweibeinerneunmalklugen, vom Affen." Da verschlug's den Dinosauriern die Sprache. Mich laust der Affe, dachte der Brontosaurus. Dieser komische Vogel muß einen Vogel haben. „Ein Vogel mit Zähnen?" ging dem Kurzschwanzflugsaurier durch seinen schmalen Echsenkopf. Er wackelte mit seinem Stummelschwanz. Das darf doch nicht wahr sein. Der hat bestimmt Haare auf den Zähnen!

Zwölf-Apostel-Felsen

Der Sonntagsausflug

Die Kids sind kaum zu bremsen, stürmen in vollem Karacho aus dem Bahnhof, schlagen instinktiv den richtigen Weg ein, machen einen Schwenk nach rechts, drücken sich die Nasen platt an den Schaufenstern des „Solnhofener Versteinerungs-Verkaufs", passieren das Mahnmal zweier unsinniger Weltkriege aus natürlich belassenen Felsblöcken und begehren Einlaß ins Bürgermeister-Müller-Museum im Rathaus. Alle sind neugierig auf den „Wundervogel" mit dem Zungenbrechernamen Archaeopteryx.

War er ein flotter Flieger oder ein fauler Flatterer? Hauste das Urviech vorwiegend am Boden oder war es durch die Form der Vorderkrallen, die Struktur seiner Schwingen, seinen breiten Schwanz und die leichten, hohlen Knochen ein exzellenter Flugvogel? Der Streit zwischen Paläontologen und Ornithologen ist so alt wie der erste Fund eines Archaeopteryx (griechisch für „alte Feder") vor 137 Jahren in den Steinbrüchen von Solnhofen. Acht Urflieger wurden bis dato aus den Plattenkalkschichten herauspräpariert. Prachtexemplare werden auf mehrere Millionen Mark taxiert. Die Nummer sechs stöberte Friedrich Müller, Altbürgermeister und leidenschaftlicher Fossiliensammler, beim Sortieren einiger

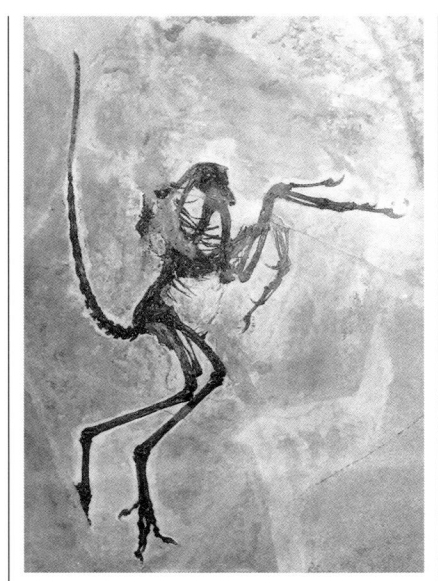

Reststücke seiner reichhaltigen Sammlung angeblich in seinem Keller auf. Dieses Exemplar von der Größe eines Huhns ist das Prunkstück des Bürgermeister-Müller-Museums im Rathaus. Derzeit wird um die Eigentumsrechte gestritten. Die Richter der dritten Zivilkammer schenkten dieser Mär keinen Glauben. Der mittlerweile verstorbene Bürgermeister handelte mit Hehlerware. Sie sprachen den raren Fund dem

Eichstätter Steinbruchbesitzer Franz Xaver Schöpfel zu. Die Solnhofener bangen, ob sie ihr Vorzeigestück, das sie hinter Panzerglas wie britische Kronjuwelen hüten, behalten dürfen. Sie geben nicht klein bei und wollen bei diesem jahrelangen Rechtsstreit in die nächste Runde gehen. Streitwert: Eine Million Deutsche Mark!

„Der sieht ja aus wie ein gerupftes Suppenhuhn", behauptet Anna steif und fest. Wie ein „Gog-Gog", bekräftigt Bruder Ferdinand. „Unsinn", widerlegt Andreas, Altbekannter von Anna, mit Kennerblick. „Das ist kein Huhn, das ist ein Vogel. Außerdem ist das nur ein Skelett, sein Knochenkleid." Das Skelett ist gut erhalten. Steil nach oben gezogen der lange Wirbelschwanz, stark verbogen der lange Hals mit dem Schädel. Lageverschiebungen, die, nach Ansicht von Experten, erst nach dem Tod eingetreten sind. „Schaut genau hin! Auf dem linken Flügel sind Abdrücke von Federkielen zu sehen." „Menschenskind, der hat ja Zähne! Von dem sollen wir abstammen? „Nicht von dem da, von den Affen. Von dem Urvogel stammen die Vögel ab." Anna nach längerem Nachdenken: „Du, Opa, es gibt doch einen Urmenschen, der hieß Adam. Gibt es auch einen Uraffen?" Rätselraten der Erwachsenen über den Preis dieses Urfliegers. 12 000 Goldmark wurden für das erste Exemplar an das Britische Museum gezahlt. 20 000 Goldmark blätterte Werner von Siemens für das zweite auf den Tisch. Wieviel mag der sechste Urflieger gekostet haben? Und schon wird der Ruhm des Urvogels aus dem fernen Texas streitig gemacht. Dort soll ein neuer Urflieger gefunden worden sein, älter als der Urvater aus Solnhofen, nämlich gut und gern 225 Millionen Jahre! Das schert die Solnhofener kaum. Sie sind stolz auf ihren Urvogel, den sie nicht um alles in der Welt hergeben wollen.

Ein Mondfisch, ein plattgedrücktes Riesenmonster mit einem „Pflasterzahngebiß", hat es den Kindern besonders angetan. Die Steinbrucharbeiter nennen ihn Mondfisch, die Wissenschaftler Kugelzahnfisch (Pycnodontiformes). Der Riesenfisch hatte einen regelrechten Schuppenpanzer, der wie ein Korsett den ganzen Körper schützte. Er war ein Langsamschwimmer, der seiner Beute in den Riffen sicher war. Sein Pflasterzahngebiß zerkleinerte die Nahrung oder „knackte" die Tiere. Ammoniten wurden von den Kindern als altbekannte „Steinschnecken" aus der Fränkischen Schweiz kaum eines Blickes gewürdigt, dagegen die Scheren des Schnorgackels (Langarmkrebses) und die Schwanzflosse der Schnabelfische kritisch begutachtet. Der nachgebaute Steinbruch im Obergeschoß nahm ihre Aufmerksamkeit für längere Zeit in Anspruch. Steinbrucharbeit ist heute noch schwere Handarbeit. Sogenannte „Hackstockmeister" sind am Werk. Die dünnen „Flinze" (nutzbare Gesteinsplatten) müssen vorsichtig mit Grubhaue und Brecheisen abgehoben werden. Wie die Blätter eines Buches liegen sie übereinander. Dickere Platten werden vor Ort mit Hammer und Meißel gespalten. Je größer die Platten, um so wertvoller sind sie. Ein Abbau mit Maschinen würde die empfindlichen Flinze zu stark beschädigen.

Schon gewußt, daß der heilige Sola, gestorben am 3. Dezember 794 nach Christus, Eremit und Eigenbrötler, Seelsorger und Seelenretter, Taufpate der Solnhofener war? Als Missionar kam er aus dem Raum Fulda ins wilde Altmühltal, überlebte als Höhlenbewohner und wurde an der Altmühl zum Siedlungspionier. Wanderer, kommst du nach Solnhofen, verkündige zu Hause, du habest Grab und Basilika eines angelsächsischen Mönches gesehen.

Ein Katzensprung nur von der Brücke der Altmühl hinauf in den Pfarrgarten. Der viergeschossige Turm der evangelischen Pfarrkirche als Wegweiser. Du stehst und staunst in der Sola-Basilika, bewunderst die erhaltenen Säulenkapitelle – ohnegleichen in ganz Deutschland! – und schüttelst den Kopf darüber, daß allein auf Grund der Grabungen noch fünf (!) Vorgängerbauten nachgewiesen wurden. Wer weiß schon, daß die aufgefundenen Fragmente einer ornamentalen Bogenumrahmung aus Gipsstuck als „früheste Beispiele für Stukkaturen in Deutschland anzusprechen" (Dehio) sind? Solas Grab befindet sich in der westlichen Hälfte des Nordschiffes. Er wurde im 9. Jahrhundert in einer aus heimischen Kalkstein gemauerten Tumba (Hochgrab) beigesetzt. „Liegt der da immer noch drinnen", will Ferdinand partout wissen. Für Kinder ist Geschichte stets gegenwärtig. Sie muß ihr Auge erreichen, einen „visuellen Reiz" ausüben.

Die Schatten der Vergangenheit hatten uns im Dämmerdunkel der Sola-Krypta eingeholt. Aus den Grüften treibt es uns hinaus ans Tageslicht, in die Geborgenheit zu Unseresgleichen. Auf dem Weg zu den 12-Apostel-Felsen spukt dieser sonderbare Heilige in unseren Köpfen herum, so, als wäre er justament seinem Grabe entstiegen, das kurioserweise von Amts wegen

Klatschmohn zwischen Plattenkalken

am 14. September 1828 durch königliche Kommissäre geöffnet, „aber nichts gefunden" wurde! Hinunter zur Altmühlbrücke. Blendlichter der Sonne auf dem trägen Wasser. Gedankenversunken schlendern wir über die Brücke der Altmühl, schwenken unmittelbar rechts in die Benediktstraße ein, 100 Meter nur, biegen dann „Am Gsteig" links ab und spazieren hoch zur „Deutschen Ferienstraße Alpen – Ostsee" (Ampelanlage). Weiter stetig steigend auf dem Bieswanger Weg zur „Sola-Halle". Markierungstafel: schwarzer Ammonit auf gelbem Grund. Weg Nummer 3.

Aufwärts zum Tennisplatz. Am Füllsender rechts in die Industriestraße einbiegen, dann links ab in die Frühlingsstraße. Neubauten noch und noch. Die Lerchenstraße als Querstraße. Geradeaus weiter bis zur Einmündung der Frühlingsstraße in den Hochholzer Weg. Rechts ab. Wegweiser am Laternenpfahl: „12 Apostel". Ruhebank unter einer kleinen Linde. Wichtige Einfädelstelle: zur Linken Wanderparkplatz „Römertal". Rechts halten! Trampelpfad. An einem Niederspannungsmast Markierung „Main-Donau-Weg". Der „Dreier-Weg" verläuft bis Eßlingen gemeinsam mit dem „Main-Donau-Weg".

Vor zur Hangkante. Schild „Naturschutzgebiet". Wiesenglockenblumen, Karthäuser-Nelken. Blick auf die Apostelfelsen und ins Tal der Altmühl. Postkarten-Landschaftsbild von etwa zwölf isolierten Felstürmen. Tellerförmige, verkalkte Kieselschwämme (Frage Anna: Sind das Pilze?) auf denen dunkle Kalkalgenkrusten sitzen, bauten das Gestein auf. Erst nach dem Rückzug des Jurameeres wurden die 12-Apostel-Felsen durch Verwitterung aus den Riffkalken herauspräpariert. Der Weg zieht leicht steigend an der Hangkante entlang. Rastplätze unterm Schattenschirm knorriger Buchen. Auf dem Bergkamm schöner Wiesenrastplatz im lichten Föhrenwald. Nicht auf dem Asphaltweg hinunter. Steilabfall zur „Deutschen Ferienstraße". Die Kinder im Geleit der Erwachsenen. Wetterkiefern. Tiefblick zur Altmühl. „Zahmwasser" für Kanuten, kein Wildwasser. Suche Pfadspuren oberhalb der Felsenszenerie. Der „Dreier-Weg" als voralpines Steiglein. Am Ende der Kammwanderung eine kleine, wacholderbestandene Anhöhe. Sehr schöner Rastplatz. Holterdiepolter hinunter nach Eßlingen. Herrlicher, wacholderbestückter Trockenrasenhang. Alte Altmühltalhäuser mit Legschiefer versteckt im Ort. Stopp an der „Deutschen Ferienstraße"! Autoraser! Über die Steinbrücke der Altmühl. Rechts ab (Info-Tafel). Spaziere 20 Meter auf dem Radwanderweg. Links abschwenken durch die Eisenbahnunterführung und geradeaus weiter. Nach 120 Metern hört die Teerdecke auf. Gemarkungsstein. Bergauf ist angesagt. Wegegabelung mit Markierung Nummer 3. Steige rechts weiter. Bergauf durch lichten Buchenwald. Perlmutterfalter gaukeln auf nickenden Disteln. Weiter oben am Hang Querweg als „Scheideweg". Links ab. Wegweiser mit Dreier-Markierung: „Gasthaus Schnorgackl". Fünf Minuten nur zum „Museum auf dem Maxberg" – lohnend auf alle Fälle!

Schon die Römer schätzten Solnhofener Plattenkalk als Bodenbelag und Wandverkleidung. Vor 500 Jahren war Solnhofener Stein ein gefragter Exportartikel bis Istanbul. Er bedeckt den Boden im gewaltigen Sakralraum der Hagia Sophia heute noch.
Im Kalibrierwerk der „Solnhofer Bodenplatten-Industrie" ist die Hölle los. Ohrenbetäubender Lärm der Schneid- und Schleifmaschinen. Hier werden in einer modernen Fertigungsanlage die im Steinbruch gewonnenen Rohplatten vorsortiert und auf eine einheitliche Dicke geschnitten (kalibriert). Maßhaltigkeit der Produkte ist oberstes Gebot. Rechts halten beim Gang durchs Werk!
Nach dem Steilaufstieg rutscht dem Wanderer der Magen weg. Erst müssen, im Jargon der Wirtschaftswissenschaftler, die „Primärbedürfnisse", dann die „Sekundärbedürfnisse" (sprich Museum) befriedigt werden. In der Gaststätte „Schnorgackl" führen Frauen das Regiment (Samstag Ruhetag, Januar und Februar geschlossen). „Unsere Speisen werden stets frisch zubereitet, deshalb können wir Ihnen nur eine begrenzte Speisekarte zur Verfügung stellen." Die hausgemachten Spätzle sind ein Zungengedicht!

Wenige Schritte nur vom Einkehrhaus zum Haus der Versteinerungen und des Steindrucks. Im „Museum auf dem Maxberg" maßgetreue Rekonstruktion eines römischen Badebeckens des Limeskastells bei Theilenhofen mit den dort ausgegrabenen Solnhofener Platten als Bodenfliesen, wie denn anders? Prachtexemplare von Mondfischen mit „Pflasterzahngebissen" und ausgeprägten Schmelzschuppen. Der Schuppenpanzer diente als Stütze des Fischkörpers. Gut erhaltene und kostbare Fundstücke, wie sie alle Jubeljahre einmal vorkommen. Angefangen von Quallenabdrücken im Plattenkalk über mächtige Ammoniten bis hin zu hochentwickelten Flugsauriern. Darunter eine Langschwanzflugechse mit einer Flügelspannweite von 50 Zentimetern, eine Rarität ersten Ranges. Ein außergewöhnlich gut erhaltenes Prachtstück, nirgendwo sonst zu besichtigen, ist ein knapp 42 Zentimeter langer fossiler Quastenflosser, der die vier vorhandenen Exemplare ergänzt. Seine dreiteilige Schwanzflosse endet in einer Quaste, daher der Name. Die seltene Fischart hat sich bis auf den heutigen Tag im Indischen Ozean erhalten. „Druck vom Stein", Lithographiedruck, à la Senefelder, auf Wunsch gegen einen Unkostenbeitrag. Das

Multitalent Aloys Senefelder, Jurastudent, Schauspieler, Bühnenschriftsteller und Lithographeninspektor der königlich-bayerischen Steuerkommission, gelangte mittels einer Solnhofener Platte zu Weltruhm. Sein Steindruck war der Vorläufer des heutigen Offsetdrucks. Der gebürtige Prager scheffelte keine Reichtümer, den Gewinn steckten andere in die Tasche Die Solnhofener haben ihrem hochverehrten Steindrucker auf dem Marktplatz ein Denkmal gesetzt. Gleicher Weg durchs Werk zurück bis zum „Scheideweg". Wegweiser „Solnhofen" und Markierung Nummer 3. Hangbogen leicht aufwärts bis zu einer auffallenden Wegespinne. Punkt 526,1 der Karte. Aufpassen! Unmittelbar rechts den schmaleren Weg abwärts, nicht die breitere Forststraße hinunter. Idyllisch gelegene, geräumige Grill- und Unterstandshütte, Trampelpfad hoch zur Teufelskanzel. Trigonometrischer Punkt 458,5.

Dermaleinst hatte just an dieser Stelle der Teufel mit dem Hexenvolk ein nicht enden wollendes Palaver. Dreimal des langen Tages, und zwar morgens, mittags und abends, gelüstete die Hexen nach einer warmen Suppe. Der Teufel wusch Wurzelwerk, zerkleinerte grob, ließ kochen und ausquellen, schmeckte mit Muskat ab und wertete mit Petersilie und Schnittlauch kurz vor dem Anrichten die Suppe auf. Unentgeltlich wollte der alte Geldschneider seine Kochkünste nicht feilbieten. Die Hexen mußten tief in den Beutel greifen. Der Teufel meißelte einen Opferstein, in den die Hexen für jeden Teller Suppe, den sie schlürften, ein Geldstück hineinwarfen. Seit jener Zeit nennt man die Anhöhe mit dem Dolomitfelsblock die „Teufelskanzel". Worte gewechselt mit einem Schafhüter auf des Teufels Kanzel. Ob er wohl die Schafe der Bauern hüte, die vielen da unten grasend am Hang? „Na, na, des soan meine eigene Schaf. I hob mit 18 schon 160 Schtück eigene ghabt. Do hab i scho koan Schafhalter nimma brauchen könna." Wie viele Schafe er zur Zeit sein eigen nenne? „900 Schaf." Früher war die Herde ein königliches Vermögen. Der Mensch folgte der Wildherde. Heute treibt er die Herde. Morgen sei er mit seinen Schafen bei Hochholz und übermorgen im Schönfelder Tal. Und überübermorgen? Er blieb mir die Antwort schuldig, pflückte eine unreife Wacholderbeere, hielt sie mir unter die Nase: „Do schauns, die in Sindelfingen haben ihren heißbegehrten Mercedesstern davon abgeleitet." Kaum glaublich, auf der gelbgrünen Wacholderbeere ist die Firmenmarke der Sindelfinger eingeprägt. Der Stern der unreifen Wacholderbeere ist weder beim Patentamt in München eingetragen noch auf zehn Jahre geschützt. Der Gemeine Wacholder, Juniperus communis, als Markenzeichen des Altmühltals. Tiefgrüne Pigmente im sandfarbenen Trockenrasenteppich. Schafweidenkultur unverfälscht. Gehegt und gepflegt. „Ausputzer" am Werk. „Hangräumer" kämpfen gegen die „Verbuschung", betreiben Schönheitspflege" – mit Vorbedacht und großer Sorgfalt. Wacholderhänge prägen das Antlitz des Tales, unverwechselbar seit Jahrhunderten.

Wir stürmen hinunter zu den Bahngeleisen. Vorsicht, bitte warten! Ampelgerechter Bahnübergang. An der alten Mühle vorbei zum zweiten Gleisübergang und vor zum Bahnhof Solnhofen. Wie wär's auf eine „Halbe" für die Großen und auf ein großes Spezi für die Kleinen im Biergarten des „Senefelder Hofes" in der Senefelderstraße? Zeit bliebe genügend bis zum nächsten Zug. Ein zweiter Besuch der Sola-Krypta gefälig? Nochmals eintauchen in den Zauber der Vergangenheit mitsamt ihren Stilen und Strukturen. Was wären wohl die Solnhofener ohne Sola, Senefelder und die Solnhofener Bodenplatten?

Schnorgackel, Schnabelfische und Schlangensaurier **107**

„Steinbrucharbeiter" im „Hobby-Steinbruch"

Der Pfiffikus

Solnhofener Plattenkalke
wurden im Jurameer waagerecht abgelagert, Schicht für Schicht. Wie die Blätter eines Buches liegen die Platten (Flinze) übereinander. Die Plotten werden in den Steinbrüchen in Handarbeit mit Grubhaue, Grubhammer und Grubeisen vorsichtig „abgehoben". Beliebt als Bodenplatten und Wandverkleidung. Schon den alten Römern als Bausteine bekannt. Weltberühmt durch einzigartige Versteinerungen („Urvogel"). Weltweit bekannt durch die Erfindung des Steindrucks 1797. Die Frankfurter feiern ihren Johann Gutenberg, die Solnhofener ihren Alois Senefelder: Texte und Zeichnungen konnten nunmehr auf Lithogrophie-Schiefer in Massen vervielfältigt werden.

Urvogel
oder Archaeopteryx. Etwa so groß wie ein Huhn, mit einem bezahnten Schnabel, langen Fingern mit scharfen Krallen und einem eidechsenartigen, befiederten Wirbelschwanz. Zwischenstufe zwischen Kriechtier und Federvieh. Beweis für die Richtigkeit der Abstammungslehre: alle Lebewesen entwickelten sich von einfachen zu höheren Formen (der Mensch stammt vom Affen ab!). Der erste Urvogel, etwa 150 Millionen Jahre alt, wurde 1860 in einem Solnhofener Gemeindesteinbruch gefunden. Für 12 000 Goldmark kam er ins Britische Museum nach London.

Schnabelfische
haben ein langes und spitzes Maul. Der lange Oberkiefer ragt deutlich über den Unterkiefer hinaus. Sie waren gefährliche Wasserräuber und ausgezeichnete Schnellschwimmer mit einem schlanken Körperbau und einer tiefgeschlitzten Schwanzflosse. In den Brüchen wurden Jungfische von 70 Zentimeter Länge und ausgewachsene Exemplare bis zu 1 Meter Länge gefunden.

Schnorgackel
sagen die Leute (Volksmund). Longi manatus Mecochirus (Langhänder) nennen ihn die Wissenschaftler. Eigentlich müßte er „Langbeiner" heißen. Sein besonders langes erstes Beinpaar erreicht die fünffache Länge des Kopf-Brustpanzers. Es war die Greifschere des Krebses. Mit diesen „Händen"' wurden die Beutetiere ergriffen. Schnorgackel werden häufig im Solnhofener und Eichstätter Gebiet gefunden.

Schlangensaurier
waren keine Schlangen. Sie heißen so wegen ihres schlangenähnlichen Körperbaues (Schlangen gab es zur Jurazeit noch nicht). Sie hatten einen spitzen Kopf, Stummelbeine und einen 1,50 bis 2 Meter langen Körper, der mit sechseckigen Schuppen bedeckt war. Der platte Schwanz machte sie schwimmfähig. Nur zur Eiablage suchten sie das Land auf. Ihr Lebensraum war das Wasser, ob Süßwasser oder Salzwasser, darüber streiten die Gelehrten. Im Juramuseum in Eichstätt befindet sich ein 1,60 Meter langes Prachtexemplar.

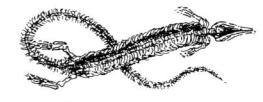

Dendriten
kommen massenweise in den Brüchen über Solnhofen, Mörsheim und Eichstätt vor. Es sind keine versteinerten Pflanzen, vielmehr feine und fantasievolle farnkrautähnliche Zeichnungen auf der Plattenoberfläche. Rote und braune Dendriten gehen auf Eisenverbindungen zurück, schwarze weisen auf den Mangangehalt des eingesickerten Regenwassers hin. Die Farbskala reicht von Kastanienbraun über Rostrot bis zu Kohlrabenschwarz. Steinbrucharbeiter bezeichnen sie als „Moos" oder „Blumen". Dendriten sind von faszinierender Schönheit.

Schweinshaxen und Rinderrippen als Reiseproviant fürs Jenseits

Ein Volk von Machern und Menschenfressern

Es war einmal ein Volk, ein eigenartiges, ein großartiges, ein kriegerisches. Das kam irgendwoher und ging irgendwohin. Am Anfang war es klein, dann groß und wenig später so groß, daß es kaum Platz fand zwischen dem Atlantischen Ozean und dem Schwarzen Meer. Es war groß, als Rom klein war. Als Rom groß wurde, war es wieder klein. Seine Angehörigen trugen Kröpfe, große und kleine. Viele hatten rote Haare, keine gefärbten. Die Männer waren Muskelmenschen, großgewachsen und vor Kraft strotzend. Ihr Haupthaar wurde in den Nacken gekämmt und mit einem kalkigen Brei eingeschmiert. Im glattrasierten Gesicht blieb ein hängender Schnurrbart stehen. Wenn ein junger Mann sich einen Bierbauch zulegte, der „das gewöhnliche Gürtelmaß" überschritt, wurde er streng bestraft. Sie waren geborene Krieger, Globetrotter mit Schwertern und Schilden, besessen vom Fernweh. Sie kämpften mit nacktem Oberkörper und ohne Helm, trugen Reiterhosen mit Lederbesatz, dazu ein Lederwams, das bis zu den Lenden reichte. Ein flauschiger Umhang schützte vor Wind und Wetter und konnte gleichzeitig als Schlafdecke benutzt werden. Speer und Schild waren stets griffbereit. Vor der Schlacht dengelten sie ihre Schwerter wie die Bauern ihre Sensen. Es müssen Schreckgestalten gewesen sein, die mit einem gellenden Kriegsgeschrei und dem Geschmetter ihrer Kriegstrompeten Furcht und Entsetzen verbreiteten. Kopfjäger, die den Feind um einen Kopf kürzer machten, die Trophäe ans Pferd hängten und zu Hause an die Tür nagelten. Das Haupt eines vornehmen Gefallenen wurde von den keltischen Kriegern mit Zedernöl eingesalbt. Ihren Feinden fiel vor lauter Angst das Herz in die Hose. Strabo, ein griechischer Geograph, berichtet: Wenn sie ein Dorf oder eine Stadt erobert haben, so töten sie nicht nur alle wehrhaften Männer, sondern gehen selbst bis zur Ermordung der klei-

Der Sonntagsausflug

nen Knaben, und auch dabei noch nicht aufhörend, ermorden sie sogar alle schwangeren Frauen, von denen die Wahrsager verkünden, daß diese Frauen einmal Knaben gebären werden." Sie waren nicht nur Krieger und Kämpfer, auch Ackerbauer und Bierbrauer, Werkzeugmacher und Schuhmacher, Glasbläser und Eisenschmelzer, Goldschmied und Messerschmied.

Ihre Frauen waren gefallsüchtig, selbstbewußt und hochnäsig. Sie konnten eine Probeehe auf „Jahresfrist" abschließen und genossen viele Freiheiten. Eine Frau als Familienoberhaupt, regierende Königin oder gar „Seherin" war keine Ausnahme. Mit Bierschaum pflegten sie ihre Gesichtshaut. Sie schmückten sich mit Glasperlen, bunten Armringen und kostbarem Geschmeide. Sie trugen lange Hosen und Jacken aus Wolle oder Leinen, dazu lange Kapuzenmäntel. Vornehme Frauen schätzten bronzene Gürtel, mit Emaille verziert, und karmesinrote Umhänge. Die Männer gaben viel Geld aus, damit sich ihre Frauen mit Gold und Geschmeide schmücken konnten.

Dieses ungewöhnliche Volk baute Städte und Burgen und verehrte viele Götter. 374 Götternamen wurden einmal gezählt. Es war abhängig von seinen Göttern. Opfer wurden ihnen in heiligen Hainen gebracht: Tiere, aber auch Menschen. Dieses Geschäft besorgten die Druiden, die Priester. Sie waren Berater der Könige und der Richter. Sie zahlten weder Steuern noch mußten sie in den Krieg ziehen. Der König war der Macher. Der Druide hatte die Macht. Was ist geblieben vom Volk der Krieger und Druiden, die ihren Toten Speis und Trank mit ins Jenseits gaben und Menschenfleisch als wirksame Medizin schätzten? Heute noch sprechen etwa zwei Millionen Menschen ihre Sprache. Ihre Heiligtümer, die sogenannten „Viereckschanzen", stecken voller Geheimnisse. Allein 150 werden im süddeutschen Raum gezählt. Süddeutschland war Keltenland! Die Stadtmauer der Keltensiedlung von Manching gehört zu den größten antiken Bauwerken Europas. Manching war genau so groß wie Rom zur Blütezeit des Römischen Weltreiches! Auf unseren Bergen siedelten Kelten: auf dem Staffelberg, auf dem Walberla, auf dem Michelsberg. Warst du schon oben? Menschenfresser und Kopfjäger als unsere Urahnen, als Vorfahren der Bayern? Warum auch nicht? Darüber streiten sich die Professoren.

Mit Ferdinand zur rechten und Leo zur linken Hand spaziere ich auf der obersten Wallkrone der keltischen Kultanlage von Ohlangen. Ferdinand möchte lieber alleine gehen, Balanceversuche auf der Wallspitze unternehmen. Leo reißt sich los, trottet seinem Bruder hinterdrein. Gleichgewichtsspaß der Kinder. Traumtänzer zwischen Gegenwart und Vergangenheit in einem heiligen Hain der Kelten. 1000 Jahre eines Erdwalls sind wie ein Tag in der Menschengeschichte und doch Zeitalter umfassend.

Die Ohlanger Viereckschanze ist immerhin 150 Meter mal 100 Meter groß und damit eine der größten von den 150 in Bayern aufgefundenen. An der Südostecke zerschneidet ein Weg den Wall. Verbotsschild am Eingang des heiligen Bezirkes: „Abladen von Schutt, Müll und Gartenabfällen verboten. Zuwiderhandlungen werden strafrechtlich verfolgt. Der Bürgermeister." Die Kelten haben in ihren Tempelbezirken ganz andere „Dinge" abgeladen: beispielsweise Feldfrüchte, Tiere, Pferde und Stiere, aber auch Menschen als „Geschenke" für die zahlreichen Götter. Opferschächte wurden nicht in allen Viereckschanzen gefunden. Rätsel über Rätsel geben diese Schanzen heute noch auf.

Waizenhofener Espan

Ein Dreijähriger auf dem Grabhügel einer Mittdreißigerin, Espan

Die Kelten suchten Einsamkeit und Weltverlorenheit für ihre heiligen Bezirke, Rodungsstätten inmitten dichter Urwälder. Geschichtsdenkmäler, gespenstisch und geheimnisumwittert noch heute. In der Ohlanger Schanze gingen bisher die Schatzgräber leer aus. Fehlanzeige der Archäologen: weder eine Opferstätte noch ein Opferschacht, geschweige denn ein Fleischhaken wurde gefunden. Nicht die geringsten Blutspuren in irgendeiner Lehmschicht, nichts, rein gar nichts. Nicht einmal die dazugehörende Siedlung konnten die Vergangenheitsforscher aufspüren. Idyllischer Rastplatz vor der Wallanlage mit Tisch und Bank, Talblick auf Thalmässing eingeschlossen. Es ist drückend heiß. Die Zunge klebt am Gaumen. Die Kinder löschen ihren großen Durst mit Mineralwasser aus einer Mehrwegflasche. Ihren Hunger haben sie zuvor im Winkler-Gasthof im nahen Alfershausen gestillt. Ferdinand und Leo gelüstete nach Kloß mit Soß'. Die Großeltern entschieden sich für einen geschmorten Tafelspitz, ein zartes Stück vom Rind, mit Semmelkloß. Bei den Kelten wurden Schweinshaxen oder Rinderrippen als Reiseproviant für die lange himmlische Reise mit auf den Weg gegeben. Ob die wohl so schmackhaft zubereitet waren wie beim Winkler in Alfershausen? Aus gutem Grund wird der Steilaufstieg zum Hochanger auf den nächsten Sonntag verschoben. Vor den Anger haben die Götter den Schweiß gesetzt, und vor den ersten Schweißtropfen das „Vor- und frühgeschichtliche Museum" zu Thalmässing. Fundsachen von den Bergen und Bergspornen rings um Thalmässing, in einem alten Getreidespeicher inmitten des Marktplatzes zur Schau gestellt. Prachtstücke aus unvordenklicher Zeit. Eine Schatzkammer für Erwachsene, eine Gruselkammer für Kinder. Geschichte hautnah erlebt.

Berührung verboten! Mit weit aufgerissenen Augen stehen sie vor der Vitrine eines Grabes der Schnurkeramikkultur, schaurigschön in der schummerigen Museumsbeleuchtung. Rätselhaft und unfaßlich. 1986 von kundigen Leuten samt Erdblock ans Tageslicht gehoben. Zusammengekrümmt der Tote, in der Hocke, sozusagen auf dem Sprung. Behutsam von seinen Landsleuten auf die rechte Seite gelegt. Ein Mannsbild ohne Zweifel. Das starke Geschlecht lag rechts, die Krone der Schöpfung links. Fußknöchel übereinander, vermutlich gefesselt die Beine. Warum, weiß kein Mensch, auch ein Professor nicht. Neben dem Hinterkopf ein Tongefäß mit Speis und Trank für die Reise ins Jenseits. Fingernageleindrücke im Ton, Schmuckbänder ringsherum. „Du, Opa, das probier' ich einmal mit meinem Knetgummi", Originalton Anna. „Was hatte der wohl im Krug?" „Warum hat der keinen Rucksack?" O-Ton Ferdinand. Die Kinder fallen von einem Erstaunen ins andere: eine Grabkammer mit einer Toten im Feiertagsgewand, schmuckbehangen. Der Bronzeschmuck zeigt Tragespuren. Kein Fundstück, sondern eine Schaufensterpuppe ins Grab gelegt. Daneben Tongefäße mit Grabbeigaben. Kleine Tassen, um Trinkbares aus großen Kegelhalsgefäßen zu schöpfen, unerläßlich für die große Durststrecke zwischen dem Diesseits und dem Jenseits. Geraume Zeit später auf Spurensuche im Gelände. Wer findet den ersten Grabhügel? Umweglos hoch zum traumhaft schönen Hochanger, zum Waizenhofener Espan. Wie? Schwenke links von der Hauptstraße ab in die Ringstraße hinein und bei einer kleinen Straßengabel wieder rechts zur Trafostation Merleinsgasse. Archäologischer Wanderweg. Markierung Nr. 3 und „D". Am Wanderparkplatz (linker Hand) vorbei, hoch zu einer Wegekreuzung. Verbotsschild mit Ausnahmen für den Land- und forstwirtschaftlichen Verkehr. Geradewegs aufwärts bis zu einer Wegegabel. Mit Markierung „D" links ab. Vergiß nicht, ins Tal zu schauen! Achtung, Einfädelpunkt! Dort, wo ein Feldweg vom Tal heraufzieht, steht ein Pfahlwegweiser. Vom Teerweg im rechten Winkel rechts abzweigen. Markierung „D" und Nr. 3. Trampelspuren im dämmerdunklen, dichten Jungwald. Zirka 100 Meter bergauf zu einer knorrigen Linde mit Ruhebank. Versteckter Rastplatz. Mach mal Pause! Weiter hoch zum Buchenwald. Am Waldrand 20 Schritte nach links, dann wieder rechts halten und in einer Wegrunse (lichter Buchenwald) schräg aufwärts zum Anger. Schmerzend fürs Auge ein Füllsender des Fernsehens, Television allgegenwärtig. Balsam dagegen eine Allee, Schmuckstück des Hochangers, faszinierend. Sie bezaubert, lockt dich unwiderstehlich in ihren Bann. Knorrige und kraftvolle Bäume, Ahorne und Linden aneinandergereiht, mit Junghölzern unterpflanzt. Drei Eichen verstreut dazwischen. Jeder Baum ist wie eine kleine Naturgottheit. Etwas ähnliches kannst du weit und breit suchen. Du spürst augenscheinlich, wie spezifisch prägend Bäume für eine Landschaft sind. Mehr als 35 Grabhügel aus vorgeschichtlicher Zeit birgt der Espan, heute noch deutlich sichtbar. Grabräuber waren am Werk. Keramikgefäße, Schmuck, Waffen und Werkzeuge wurden in dem „Urfriedhof" aus der Hallstattzeit gefunden. „Ich seh' einen Hügel!" schreit Ferdinand. Er nimmt die Beine über die Achsel, stürmt schnurstracks auf ihn zu. Der Erdhügel entpuppt sich als restaurierter Grabhügel einer Mittdreißigerin aus der mittleren Bronzezeit, etwa 15. Jahrhundert vor Christus. Reste von Textilien und Tongefäße für die himmlische Marschverpflegung wurden gefunden, dazu ein Bronzespiralanhänger als Beigabe aus der Bronzezeit. 50 Meter östlich vom Grabhügelbau ein idealer und schattiger Rastplatz: ein hölzerner Rundtisch mit Rundumbank unter mächtigen Linden. Wir schlendern die Ahorn- und Lindenallee entlang, dem alten Kirchenweg folgend, nach Waizenhofen, plaudern mit dem Schafhüter aus Reinwarzhofen, der seit Jahr und Tag seine Herde auf dem Espan weidet, und lassen den lieben Gott einen guten Mann sein. Parkplatz wohlweislich am Ende der Baumreihe.

An der Dorfkirche schwenken wir links ein, verlassen die Hauptstraße (Markierung!). Schöner Feldweg mit einem Grashöcker in der Mitten. Zur Linken bricht der Berghang

Naturdenkmal, Landersdorf

steil ab. Der Wanderweg entfernt sich für zirka 500 Meter von der Hangkante, führt durch freie Feldflur zu einem Waldeck. An einem überdachten, massiven Jägerstand trifft der Weg wieder auf die Hangkante, schneidet den „Hinteren Berg" ab (Ausgrabungen im Hauptwall zirka 100 Meter links vom Normalweg) und führt nach einigen Gehminuten zu einer knorrigen Alteiche (Naturdenkmal!). Leo, der Jüngste, steckt seine Nase in einen Rindenspalt. Rastplatz mit Tisch und Bank in unmittelbarer Nähe und, oh Wunder, ein Waldrasensportplatz! Ball aus dem Rucksack. Wer schiebt ihn als erster ins Tor?

Infotafel: Schon die Kelten schmolzen hier in Rennöfen aus dem Bohnerz, ein knollenförmiges Gestein in Erbsen- bzw. Bohnengröße, den neuen Rohstoff Eisen. Schlackenfunde als Beweisstücke. Was wären die Kelten ohne Eisen gewesen! Für eine Weile lagern wir im Schatten der sieben Eichbäume. Der Aufbruch fällt schwer. Ein Katzensprung nur bis Landersdorf. Melodisches Zwölf-Uhr-Läuten. Einkehr bei Weglehners (Landgasthof, Landersdorf Nr. 5) mit knurrendem Magen und trockener Kehle. Hausname Rotenbauer, dessen Vorfahren, wie viele Thalmässinger, im 17. Jahrhundert aus Österreich einwanderten. Seit geraumer Zeit haben die Jungen Haus und Hof übernommen, der Tradition ihrer Eltern verpflichtet. Hier wird der Gast im trauten Familienkreis mit offenen Armen aufgenommen. Er wird bewirtet, nicht abgefüttert. Die fesche Wirtin, Gast- und Landwirtin mit Leib und Seele, hält den Laden in Schwung. Bei Weglehners wird heute noch geschlachtet, gewurstet und geräuchert wie zu Omas Zeiten. Das würzige Bauernbrot kommt aus dem alten Holzbackofen. Der hausgebackene Kuchen ist ein Zungengedicht. Samstags und sonntags wird fränkische Hausmannskost vom Feinsten geboten. Dienstags wollen die Wirtsleute ihre wohlverdiente Ruhe haben. Arbeit gibt es mehr als genug. Die Landwirtschaft wird im Vollerwerb betrieben. Zur Zeit stehen 25 Schweine und 55 Stück Vieh im Stall. Wie sagte doch der Großvater: „Die Schweinefabriken, wie mer so sacht, die dänn nur Futtermittel füttern, statt Kartoffeln und Rüben. Unser Fleisch is a Festfleisch, es ist kerniger, des schlupft net zamm." Probieren geht über studieren. Das Essen allein läßt nichts zu wünschen übrig. Ein nachgebautes, ebenerdiges Giebelhaus der Kelten am südlichen Ortsrand weckt die Neugier der Kinder. Mit Lehm ver-

Landersdorfer Grabhügelfeld

schmiert die Wände. Ein Haselrutengeflecht als Putzuntergrund. Alljährlich veranstaltet die Naturhistorische Gesellschaft, Nürnberg, vor Ort ihr „Kelten-Spektakel": „Keltenfrauen" mit Ringschmuck an Armen und Beinen und zahlreichen Fibeln im Gewand servieren nach den Klängen einer Keltenharfe Keltenstarkbier, Keltenwein, Keltenwürste und Keltenplätzchen. Wolle wird gesponnen, Steinbeile werden geschliffen und Schwerter geschmiedet.
Befriedigt ziehen wir von dannen. Die Kinder sind müde. Wir steigen ins Auto ein und fahren hinunter zum Landersdorfer Grabhügelfeld. Steinkreise umschließen die Erdhügel, meist für eine Person angelegt. Der Leichnam in einer hölzernen, gezimmerten Grabkammer lag auf Fellen oder Decken. Der Festtagsschmuck als Totengewand. Armeleutegräber wurden mit einem einzelnen, meist aufrecht stehenden Stein markiert. Arme und Reiche schon damals. In der Nähe, auf der Göllersreuther Platte, bestand ein keltisches Dorf bis ins 4. vorchristliche Jahrhundert. Eine Horde wilder Hausschweine bricht laut grunzend aus dem nahen Buchen-Urwald, jagt den Kindern einen gehörigen Schrecken ein, scharrt genüßlich in den Steinkreisen der Gräber. Ich packe die Kinder, zerre sie zum rettenden Auto auf dem Wanderparkplatz. Ein bewaffneter Hirte hat uns entdeckt. Nur mühsam kann er seine kläffenden Hunde zurückhalten, Hunde mit der Ristweite eines ausgewachsenen Wolfes. Durch Zuruf von Mann zu Mann kündigt er unser Kommen den Dorfbewohnern auf der nahen Göllersreuther Platte. Neugierige Bauern verlassen ihre Blockhütten und ihren schützenden Ringwall, stürmen den Hang hinunter, umringen unseren Blechkasten, glotzen uns an, wie Wesen von einem anderen Stern. Ein Keltengreis im Silberhaar, vermutlich der Dorfälteste, hält uns einen Eintopf aus gekochtem Schweinefleisch und Weizenschrotmehl und einen Bierkrug vor die Nase. Kinder mit einem Lodenfetzen um den Leib geschlungen entdecken Anna, Ferdinand und Leo. Kinder wollen zu anderen Kindern. Wir steigen aus. Mehr und mehr Kelten gesellen sich zu den anderen Dorfgenossen. Neugierige Frauen, mit Halsketten aus kobaltblauen und gelben Glasperlen, drängen nach vorne, werden von ihren Männern barsch zurückgescheucht. Das ganze Dorf ist versammelt. Ich zähle drei Dutzend Dorfbewohner. Wir lassen uns friedlich auf einem Hügelgrab nieder, kosten den Kelteneintopf löffelweise und probieren Schluck für

Der Pfiffikus

Schluck das hausgebraute Bier, ein starker Gerstensaft besonderer Art. Allmählich werden die Fremden lästig, rücken auf Tuchfühlung heran, betasten und befühlen Kleider und Schuhe, wollen wissen, was wir in unseren Rucksäcken verborgen halten. Ein untersetzter, rothaariger Bauer mit einem Riesenkropf zeigt uns ein Steinbeil aus Fichtelgebirgsgranit. Andere wollen ähnliche Beile von uns haben, fangen an zu feilschen: drei Bärenfelle gegen sechs Steinbeile. Ich rede mit Händen und Füßen, bedauere, diese Qualitätsbeile nicht zu besitzen. Die Meute wird aufdringlich, ihre Gebärden werden drohender. Einer plötzlichen Eingebung folgend, springe ich zum Auto, lasse den Motor an und laut aufheulen. Wie vom Donner gerührt reißen die Kelten Mund und Nase auf, stehen einige Sekunden wie versteinert, fühlen sich vor den Kopf gestoßen. Wir verlassen mit unserer „Donnermaschine" das Gräberfeld. Der Auspuff knattert, schadstoffarm umgerüstet. Aufatmen, gerettet? Was gerettet? Sind nicht alle Fremden Wildfremde? Des Teufels mächtig, unberechenbar und ein Sicherheitsrisiko? Vielleicht auch nicht? Vielleicht nur Menschen wie du und ich, nur ein wenig anders? Ein Traum nur, ein Tagtraum. Ein Alptraum?

Steinzeit
ist die Urstufe der Menschheit. Der Urmensch gebraucht Waffen und Werkzeuge, um zu überleben. Älteste Waffen (Keulen und Wurfsteine) und Werkzeuge (Hammer-, Reib- und Mahlsteine) sind ausgesuchte Kieselsteine. Die Altsteinzeit ist die Kultur der Faustkeile. Mit diesen Steinen mußte der Urmensch Holz, Knochen und wiederum andere Steine bearbeiten. Heute brauchst du dazu einen Hammer, ein Beil, eine Säge, einen Meißel und einen Bohrer. In der Jungsteinzeit entstand eine Feinspaltung der Steine: Kielkratzer und Miniaturklingen. Tongefäße wurden verziert, indem man Schnüre eindrückte (Schnurkeramik). Ein Grab der „schnurkeramischen Kultur" wurde 1986 bei Landersdorf ausgegraben.

Viereckschanzen
sind keine „Römerschanzen" (Volksmund), sondern Keltenschanzen, Kultstätten der Kelten. Ihre Grundform ist viereckig. Die Tempelbezirke bestehen aus einem Wall mit Außengraben. Die Tore sind meist nach Osten ausgerichtet. Hier verrichteten Druiden (Priester) unter freiem Himmel ihre geistlichen Aufgaben, schlachteten Tiere und Menschen (!), um den Beistand ihrer Götter zu erhalten. Auf bayerischem Boden gibt es rund 150 Tempelbezirke (Viereckschanzen). In einigen Schanzen wurden Schächte gefunden. Die Keltenschanze von Ohlangen zählt zu den größten in Bayern.

Kelten
waren geborene Krieger. Sie sorgten dafür, daß in zwei Jahrhunderten vom Atlantik bis zum Schwarzen Meer keltisch gesprochen wurde. Heute noch lebt ihre Sprache in der Bretagne (Frankreich), in Wales (England), in Schottland und in Irland. Sie kannten Städte und Burgen und trieben einen schwunghaften Handel bis Kleinasien. Schreiben und Lesen war bei den Kelten verboten. Menschenfleisch galt als eine wirksame Medizin. Bei Ausgrabungen in Manching (bei Ingolstadt) wurden Knochen von Menschen, von Männern, Frauen und Kindern, im „Hausmüll" entdeckt. Die Kelten waren groß, als Rom noch klein war.

Schweinshaxen und Rinderrippen als Reiseproviant fürs Jenseits **117**

Der Elternkompaß

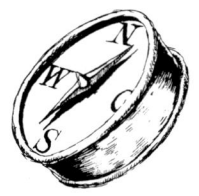

Was am Wegrand?
Der „Archäologische Wanderweg Thalmässing". Zahlreiche Bodendenkmäler mit Schautafeln an Ort und Stelle. Der Waizenhofener Espan, ein ausgedehnter Hochanger mit Allee und Grabhügelfeldern. Das Landersdorfer Grabhügelfeld aus der Hallstattzeit mit einem keltischen Dorf auf der Göllersreuther Platte.
Die keltische Viereckschanze bei Ohlangen. Das Vor- und frühgeschichtliche Museum in Thalmässing. Öffnungszeiten: von Mai bis Oktober Dienstag bis Sonntag 10 bis 12 Uhr und 13 bis 16 Uhr.

Wann am besten?
Im Maienfrühling (Flora) und im Oktoberherbst (Farbenrausch der Mischwälder).

Wie sich orientieren?
Mit der Eisenbahn über Nürnberg-Roth (R6) nach Hilpoltstein (R61). Weiter mit der VGN-Buslinie 611 nach Thalmässing. Haltestelle Thalmässing-Marktplatz. Zurück von der Haltestelle Göllersreuth-Grabhügel (VGN Linie 596-Omnibus Moßner) nach Thalmässing. Busverkehr nur werktags, überwiegend an Schultagen!!
Mit dem Auto von Nürnberg über die Autobahn A9, Ausfahrt Hilpoltstein. Weiter über Pyras, Eysölden, Stauf nach Thalmässing (13 Kilometer). Parkplatz auf dem Thalmässinger Marktplatz. Wanderparkplätze an den Ortsrändern von Thalmässing und Waizenhofen, am Landersdorfer Grabhügelfeld und an der keltischen Viereckschanze von Ohlangen.
Beste Karte: Prospektkarte: 1:10 000 „Archäologischer Wanderweg"; Topographische Karten: 1 : 25 000, Blatt 6933 Thalmässing; Wanderstrecke Thalmässing – Espan – Landersdorf (Teilstrecke des Archäologischen Wanderweges) zirka 5 Kilometer. Archäologischer Wanderweg (ohne Burgstall Espan) zirka 13 Kilometer. Steilaufstiege zum Waizenhofener Espan und zur Reuther Platte. Drei Sterne für den Archäologischen Wanderweg!

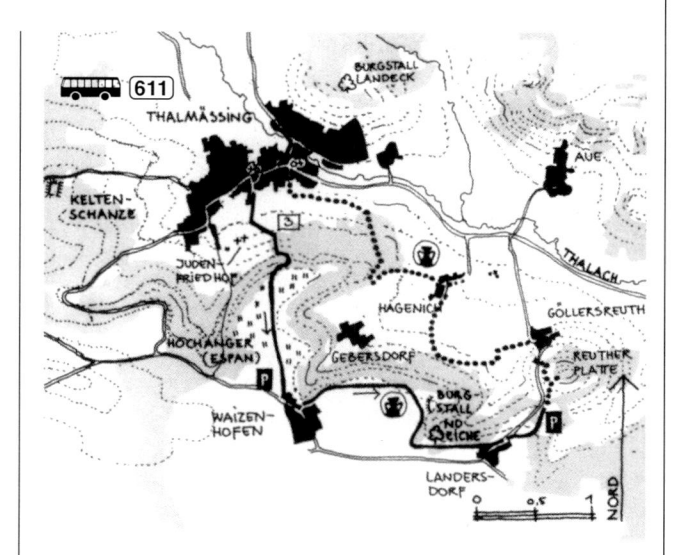

Wo rasten und nicht rosten?
Einzelstehende Linde mit Ruhebank am Steilaufstieg zum Espan. Auf dem Waizenhofener Espan. In der Nähe der Erzschmelze (Infostand Nr. 5) unweit von Landersdorf: idealer Familienpicknickplatz mit Waldrasensportplatz.

Per Pedes und mit dem Velöziped rund um den Altmühlsee

Wie den Gunzenhäusern ein Licht aufging, wohin ihre Altmühl fließt

„Alles fließt und nichts bleibt stehen", sagte der alte griechische Philosoph (= „Freund der Weisheit") Heraklit. Diese simple Erkenntnis war sonnenklar für die alten Gunzenhäuser. Noch zu einer Zeit, als ihre Altmühl die alte Altmühl war, die zur Schneeschmelze Hochwasser führte, ihr Bett verließ, zum See ausuferte und zahlreiche Altwässer hinterließ.

Während eines Hochsommers mit brütendheißen Hundstagen trocknete die Altmühl bei Gunzenhausen völlig aus. Kein Mensch wußte mehr so genau, ob das Wasser zuvor nach Norden oder Süden floß. Guter Rat war teuer. Die Bürger des Städtchens zerbrachen sich den Kopf. Ein Schlaumeier hatte die zündende Idee: Schüttet doch einfach Wasser in das trockene Flußbett und beobachtet, wohin es seinen Weg nimmt. Gesagt getan. Der ehrwürdige Rat ließ durch einen Büttel im Städtchen ausläuten, tags darauf sollen sich alle Bürgersleute mit Eimern am Stadtbrunnen einfinden.

Andertags bewegte sich ein gar seltsamer Zug durch das Brückentor zur Altmühl hinunter. Voreweg der Herr Bürgermeister mit randvoll gefüllten Wassereimern in kräftigen Händen. Im Gefolge die Herren Räte, Bürger und Bürgerinnen ebenfalls mit Eimern bewaffnet. Stämmige Waschweiber mit schweren Wasserbottichen auf dem Rücken. Bachfeger und Straßenkehrer mit kupfernen Kesseln auf ihren Karren. Hinterdrein der Gaudiwurm der Kinder.

Alle Wasserträger entleerten ihre Gefäße in das Bett der Altmühl. Ach du grüne Neune! Im Nu war alles Wasser im ausgetrockneten Flußbett versickert. Wie vom Donner gerührt standen Männlein und Weiblein am Ufer. Maßlos enttäuscht traten sie den Heimweg an.

Vielleicht wüßten die Gunzenhäuser bis auf den heutigen Tag noch nicht, wohin ihre Altmühl fließt, kündigten da nicht urplötzlich Wetterleuchten, Donnerschlag und Donnergrollen schwere Unwetter an. Wolkenbrüche verwandelten die Altmühl in einem reißenden Strom. Die Einwohner klatschten aus Freude in die Hände. Nunmehr war offensichtlich, das sonst so träge Flüßchen fließt hinunter nach Treuchtlingen.

Der Samstagsausflug

Promenieren auf der Seepromenade

Muhr am See. 15 Bahnminuten von Ansbach und fünf Bahnminuten nur von Gunzenhausen. Vom See ist weit und breit nichts zu sehen. Die Kinder bersten vor Neugier.
Fragen über Fragen. Du hast gesagt, der See ist ein „Kunstwerk", von Menschenhand geschaffen. Richtig. „Wasserbauer" haben das Hochwasser der Altmühl eingefangen, sozusagen gespeichert. Daher der Name „Speichersee".
Für die Surfer und Segler? Nein. Der Hauptgrund war ein anderer. Der Norden Bayerns litt an Wassermangel, der Süden dagegen ertrank oft förmlich im Hochwasser. Er hatte dreimal soviel Wasser wie der Norden. Das kostbare Naß mußte gerechter verteilt werden. So entstand das Fränkische Seenland.
Wenn das Wasser zugeleitet wird, muß es doch auch wieder abgeleitet werden. Logo, genau so, wie du einen kleinen Bach stauen und sein Wasser wieder ableiten kannst. Das Altmühl-Seewasser wird übergeleitet in einem neun Kilometer langen „Überleiter", teils durch einen unterirdischen Stollen in den Kleinen und von da aus in den Großen Brombachsee und in die Igelsbach-Vorsperre. Von da aus fließt es über die Schwäbische Rezat in den Rothsee. Je nach Bedarf über Rednitz und Regnitz bis in den Main. Eine Meisterleistung der Wasserbauer. So geht den Nürnbergern das Wasser nie aus.
Den Muhrer Bahnhof suchen wir vergeblich. Eine wetterfeste Unterstandshütte steht stellvertretend für die Bahnhofsanlage. Wir schwenken rechts ab, laufen die Bahnhofstraße vor. Mittagsläuten der gotischen Pfarrkirche. Die Gaststätte „Zur Eisenbahn" lockt mit Speisetafeln vorm Haus: „Heute frische Blut- und Leberwürste, Kalbsinnereien, ab 11 Uhr Hackfleischröllchen." Alfons Haschke preist seine Ware aus eigener Metzgerei an. Für die kleinen Gäste: Kloß mit Soß', ein Paar heiße Würstchen, Kinderschnitzel mit Pommes. Unsere Augen sind wieder einmal größer als der Magen.
Aufbruch bei Strichregen. Ein Tief über dem Atlantik sorgt für Wolken und Regenschauer. Auf der Bahnhofstraße stiefeln wir weiter, einfach der Nase nach. Nach dem großen Torbogen links ab. Ausgeschildert: Vogelinsel. Infostelle des Vogelschutzbundes vor der großen Holzbrücke in der Flachwasserzone. Naturschutzgebiet, rot markiert. Leo: „Opa, da steht „Bitte, keine Vögel füttern! Warum nicht?" „Lies nur weiter!" „Sie gewöhnen sich an Fütterung und verlieren den natürlichen Trieb, Nahrung zu suchen. Folge: Sie haben Mühe, im Winter selbständig Nahrung zu finden."
Auf dem Beobachtungsstand. Eine Schnatterentenfamilie vor aller Augen. Mit dem Fernglas wird der Familienvater ausgemacht. „Gell, der heißt doch Erpel?" „Ja. Wenn die Erpel gefüttert werden, sind sie geil auf

Vogelinsel

Entenweibchen, die froh sind, mit heiler Haut davonzukommen. Aus diesem guten Grund solltest du auch keine Enten füttern. „Wurden auch noch andere Enten in der Inselzone beobachtet?" „Ja. Zum Beispiel Pfeifenten, Krickenten, Stockenten, Spießenten, Knäckenten, Löffelenten, Kolbenenten, Tafelenten, Moorenten, Reiherenten, Eiderenten, Schellenten und Trauerenten." Ferdinand ungläubig: „Wie kann die ein Vogelbeobachter alle unterscheiden?" Spaziergang auf dem Ringwall, dessen Baumaterial durch Eindämmung des Seebogens gewonnen wurde. Genau 1,4 Kilometer bis zum Seezentrum Muhr am See mit Badeanstalt. Menschenleer die Liegewiese, wo an hochsommerlichen Hundstagen Halbnackerte mit Wespentaille, Klapperdürre und Dickwänste auf Tuchfühlung liegen. Bootshafen mit Seglergebäude. 96 Wasser- und 204 Landliegeplätze. Weiter zügigen Schrittes auf dem Rad- und Wanderweg. Der Weg zieht sich. Wind kommt auf. Surfer tanzen auf den Wellen. Surfzentrum Schlungenhof. Anschlagtafel: „Surfen ist keine Frage des Alters. Jeder kann es lernen, egal ob Kidy oder Oldy. Bei uns brauchen sie nur Badezeug und gute Laune, den Rest stellen wir. Nächster Einsteigerkurs, Samstag 9 Uhr, nächster Aufsteigerkurs, Samstag 15 Uhr." Frage an die Kids: „Wie wär's mit einem Einsteigerkurs?" Leo: „Surfen ist keine Kunst. Das muß doch so leicht sein, wie mit meinem Snake-Board." Ferdinand: „Bei kaltem Wasser brauchst du einen Neoprenanzug." Seezentrum Gunzenhausen-Schlungenhof, bequem anderthalb Stunden von Muhr am See. Spielplätze für Kinder. Badezone mit vorgelagerter Insel. Die Buben setzen den Minibagger in Betrieb. Oma und Opa genießen unterdessen den Seeblick von der Seeterrasse aus. Blick auf die Uhr. In einer halben Stunde geht unser Zug nach Treuchtlingen. Radweg nach Gunzenhausen ausgeschildert. Um den Seearm herum. Auf Hinweisschilder achten! Straßenunterführung. Eisenbahnunterführung. Zirka 30 Meter danach links beidrehen. Wir brauchen die Beine nicht über die Achsel nehmen. Großer Parkplatz nur für Postauto. Schnurgerade weiter zur Bahnhofsanlage und zum Gleis 1. Ausklang eines Regentages in der Treuchtlinger Therme mit Wellenbad. 10 Fußminuten vom Treuchtlinger Bahnhof. Super! Baden wie in der Brandung des Meeres nicht auf Teneriffa, sondern in Treuchtlingen. Derweil sich Eltern beziehungsweise Großeltern im 32 bis 37 Grad warmen „fluoridhaltigen Thermalwasser" aalen, tauchen die Springinsfelde durch die Wellenberge.

Der Sonntagsausflug

Stille Wasser sind tief?

Die Radeltour

Ein Viertelstündchen nur braucht das „Seenland-Bähnle" von Pleinfeld nach Gunzenhausen. Auf 12.08 Uhr stehen die Zeiger der Bahnhofsuhr. Justament die richtige Zeit, um eine gute Grundlage für unsere Radeltour zu schaffen. Ferdinand und Leo knurrt der Magen. Kurzer Schwenk um das Hauptpostgebäude herum, die Bahnhofplatzstraße entlang und mit einem linken Haken in die lange Bahnhofstraße hinein. Am Dr.-Martin-Luther-Platz rechts um die Ecke biegen. Marktplatz und Info-Zentrum ausgeschildert. Die gelb gestrichene Fassade des „Adlerbräu" zieht magnetisch an. Was darf es sein? Leckeres vom „heißen Stein" oder eine „tolle Knolle" backfrisch aus dem Kartoffelbackofen mit Kräuter- oder Knoblauchquark, dazu Hüttenkäse oder Matjeshappen kredenzt für diätbewußte Eltern/Großeltern. Wir wählen das Tagesgericht: Linseneintopf mit Wammerl und Spätzle für zehn Deutsche Mark. Für die kleinen Gäste einen Kinderteller „Pippi Langstrumpf" und „Tigerente".

Zurück auf dem gleichen Weg, nachdem wir der Mahlzeit Gerechtigkeit widerfahren ließen. Kurzer Stopp an der Eisdiele „San Marco". Am großen Parkplatz der Postwagen die Bahnhofstraße verlassen.

Rad- und Fußweg zum Altmühlsee (Wegweiser!). Querstraße, rechts ab! Auf Hinweisschilder achten! Zirka 30 Meter zur Eisenbahnunterführung. Schnurgerade weiter. Land- und forstwirtschaftlicher Verkehr frei. Straßenunterführung. Wassertümpel zur Rechten. Um den Seearm herum zum „Seezentrum Gunzenhausen-Schlungenhof". Gut eine halbe Stunde zügigen Schrittes vom Marktplatz Gunzenhausen. Bummelanten kalkulieren besser eine Dreiviertelstunde ein.

Radsport Gruber, Gunzenhausen, verleiht Fahrräder im Seezentrum. Eine Radlerfamilie kann ihre Velozipeds getrost zu Hause lassen. Mit fünf Mark bist du für zwei Stunden dabei. Diese Zeit reicht für eine gemütliche Seeumfahrung mit Erholungspausen. Streit der Enkelbuben. Zwei Kinderfahrräder stehen zur Wahl. Eines mit einem rosaroten Rahmen und einem gebogenen Lenker wie zu Omas Zeiten lehnen beide spontan ab. Ein anderes Bike mit geradem Lenker und violettem

Brüder, tretet die Pedale!

Rahmen will jeder fahren. Guter Rat ist teuer. Wer nimmt das Rosarote? Oma greift ein, spielt den Streitschlichter, beruhigt die Streithammel, dämpft diplomatisch ihr loses Mundwerk. Nach langem Palaver gibt Ferdinand nach.
Die Fahrräder sehen aus wie neu. Nirgendwo Rost angesetzt, kein Lack abgeschlagen. „Was ist das für eine Schaltung?", fragt Ferdinand fachkundig. „Eine Viergang-Drehgriffschaltung. Du brauchst aber nur den dritten oder vierten Gang." Das Gelände ist flach, kein bergauf-bergab, ohne Wiegetritt im Sattel. Die Buben flitzen davon, als hätten sie ein Einsteigerrennrad mit leichtem Alurahmen und zuverlässigem Shimano-21-Gang-Schaltwerk unterm Sattel. Leo krummbuckelig, wie ein „Tour de France-Fahrer", im Schatten seines Bruders. Der weiß genau, was er kann, mutet sich nicht mehr zu.
Wir haben Mühe zu folgen. Gemach, liebe Freunde, wenn ihr die Trittzahl keuchend atmend hochtreibt, schenkt ihr eueren Rädern zuviel und dem See zu wenig Aufmerksamkeit. Der Rückenwind als Fahrtbeschleuniger. Am Surfzentrum vorbei. Nur wenige Surfer haben gewassert, spielen mit dem Wind, tanzen auf den Wellen. Bei einem Katamaran, einem Segelboot mit zwei Rümpfen, geht gerade die Post ab. Öd und leer der Badestrand im Seezentrum Muhr. Es ist noch früh im Jahr. Schnaufpause eingelegt an der Vogelinsel. Den Nesselbach entlang und den Altmühlzuleiter überquert. Nach dem Zuleiter kommt Gegenwind auf. Er macht zu schaffen. Den zweiten Hunger stillen wir in der Cafeteria des Seezentrums „Wald". Wasserwüste des Sees vor Augen. Wellen klatschen an den Sandstrand. Spielend leicht treten wir die Pedale auf dem letzten Teil der Rundstrecke. Die Hirteninsel wird in Besitz genommen. Weit und breit keine Menschenseele auf dem Eiland. Ferdinand und Leo fühlen sich wie Robinson Crusoe. Auf die Minute genau geben wir die Fahrräder zurück. Die „MS Gunzenhausen" dümpelt im Ausgangshafen vor Anker. Wir kommen wieder. Was machen wir das nächste Mal? Dann Kinder unternehmen wir als Landratten eine Seefahrt mit dem Motorschiff, eine „Kreuzfahrt" von Hafen zu Hafen. Super, Opa. Abgemacht mit Handschlag.

Der Pfiffikus

Das „Neue Fränkische Seenland"
Ein „Wasserkunstwerk" der Ingenieure. Fünf Seen wurden in einem Vierteljahrhundert aus dem Boden gestampft. „Fünfe auf einen Streich": Der Altmühlsee (4,5 Quadratkilometer Wasserfläche plus 1,2 Quadratkilometer Vogelinsel), der Kleine Brombachsee (2,5 Quadratkilometer), der Igelsbachsee (1 Quadratkilometer), der Große Brombachsee (8,7 Quadratkilometer) und der Rothsee (2,2 Quadratkilometer). Hauptgrund: Wassermangel der Nordbayern.

Aufgabe:
Staue einen kleinen Bach: Nimm als Staumaterial am besten Lehm. Baue ringsherum einen kleinen Damm. Vergleiche mit dem „Ringdamm" des Altmühlsees. Lasse einen kleinen Abfluß. Zapfe an anderer Stelle den Damm an. Deine Eltern helfen dir. Leite einen Teil des gestauten Wassers um. Zuvor hast du in unmittelbarer Nähe deines Mini-Speichersees einen Sandberg errichtet und einen Stollen durchgebohrt. Zu- und Abfluß deines kleinen Wasserkunstwerkes ist die Altmühl, das gestaute Wasser der Altmühlsee. Das umgeleitete Wasser (ober- und unterirdisch) ist der „Altmühl-Überleiter" der die europäische Hauptwasserscheide Donau/Main-Rhein (Sandberg) überwindet.
Dein Wassersystem kann beliebig ausgebaut und befestigt werden.

Der Elternkompaß

Was am Wegrand?
Der Altmühlsee mit einer Wasserfläche von 4,5 Quadratkilometer, fast so groß wie der Königssee im Berchtesgadener Land, und einer Uferlänge von 12,5 Kilometer. Ein Paradies für Surfer, Segler, Boots- und Radfahrer. Badestrände an den „Seezentren" Muhr am See, Gunzenhausen-Schlungenhof und Gunzenhausen-Wald. Das Naturschutzgebiet der Vogelinsel mit Flachwasserzonen, Schilf- und Gebüschgürtel. Brut- und Rastplätze für über 220 Vogelarten! LBV-Infostelle am Ortsrand von Muhr am See. Von April bis Oktober regelmäßige Führungen für groß und klein. Die Stadt Gunzenhausen am römischen Limes als „Metropole des Fränkischen Seenlandes" mit der evangelischen Stadtpfarrkirche Sankt Maria und drei Türmen der Stadtbefestigung.

Wann am besten?
Im Hochsommer Badebetrieb. In der Vor- und Nachsaison (Frühjahr und Herbst) weniger Radfahrer und Fußgänger auf den Uferwegen. Außerdem Vogelzug (Vogelinsel!) für Naturliebhaber.

Wie sich orientieren?
Optimale Möglichkeiten mit dem ÖPNV (öffentlicher Personennahverkehr). Entweder mit der VGN-Linie R6 (Nürnberg-Treuchtlingen) und der „Seenlandbahn" (Pleinfeld-Gunzenhausen) oder mit der Linie R7 (Nürnberg-Ansbach) über Ansbach und weiter mit der R8 (Ansbach-Treuchtlingen) nach Muhr am See. Neueröffnet: Eine Citybuslinie für Fußfaule von Bahnhof Gunzenhausen bis Seezentrum Schlungenhof. Seepromenade von Muhr am See bis Gunzenhausen zirka sechs Kilometer. Fernglas empfehlenswert für die Vogelinsel. Radfahrstrecke rund um den Altmühlsee 12,5 Kilometer. Heißer Tip: Fahrräder zu Hause lassen! Fahrradverleih in den Seezentren Muhr am See und Gunzenhausen-Schlungenhof.
Verleih Schlungenhof geöffnet täglich ab 9.00 Uhr vom 1. April bis Ende September. Mit fünf Mark bist du für zwei Fahrradstunden dabei! Zur Orientierung genügt das Faltblatt „Altmühlsee – Freizeit und Erholung". Kostenlos erhältlich an allen Infostellen.

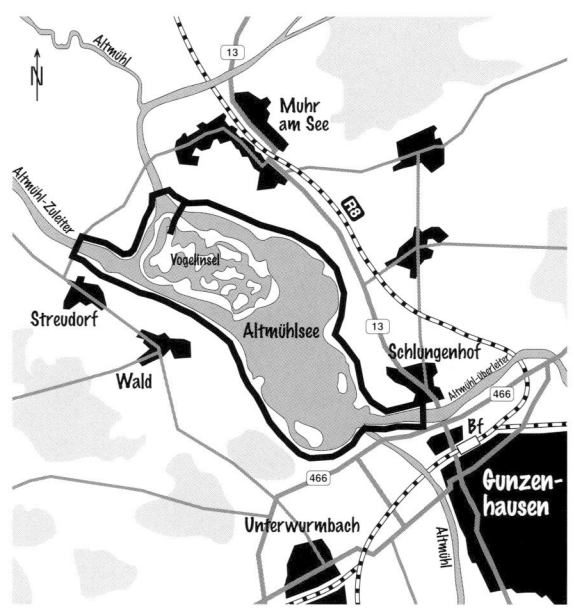

Wo rasten und nicht rosten?
Längs des Seeufers Rastplätze mit Bänken und Tischen. Restaurants mit Panoramablick in den drei Seezentren. Idealer Picknickplatz auf der Hirteninsel (Südufer).

Mit dem Donaudampfschiffahrtskapitän durch die Weltenburger Enge

Die versteinerte Jungfrau
Eine Nixe, halb Weib, halb Fisch, tauchte urplötzlich auf aus den Donauwellen. Auf einem dichten Kranz von goldenen Haaren schwamm sie mühelos auf dem Rücken. Der Mond rückte ihre weiblichen Reize ins rechte Licht. Ein Fischer am nahen Ufer war geblendet von ihrer makellosen Schönheit. Er umgarnte sie mit seinem Netz und zog seine sichere Beute ins seichte Wasser. Mit einigen Schnalzern ihrer Schwanzflosse versuchte die Nixe, aus den Maschen des Fischernetzes zu schlüpfen. Der liebestolle Fischer, ein Schönling an Gestalt, verwirrte ihre Sinne, verdrehte ihr den Kopf. Krieg ich sie, oder krieg ich sie nicht? Er schwor ihr ewige Treue. Die Nixe gab ihren Widerstand auf. Sie glaubte ihm aufs Wort. Die Nacht war lau. Die Zikaden zirpten ihre kleine Nachtmusik. Die Wassernixe und der Fischersmann liebten sich heiß und innig. Der Fischer wiederum meinte es mit seinem Treueschwur so ernst auch wieder nicht. War er doch ein rechter Schwerenöter, ein nimmermüder Schürzenjäger. Von seinen Freunden wurde er der „Mädlesschmecker" genannt. Wenige Tage nach diesem Techtelmechtel nahm er ein anderes Weib zur Frau. Die Liebesnacht der Nixe am Donaustrand hatte Folgen. Unterm Herzen trug sie das Liebespfand des Fischers. Nach einigen Monaten wölbte sich ihr Bauch. Die Wasserjungfer wollte die Liebe des Fischers zurückgewinnen. Sie besuchte ihn im nahen Fischerdorf. Des Fischers Mutter lachte sie aus, nannte sie ein „Weibsstück". Der Pfarrer verfluchte die Nixe in Dreiteufelsnamen. Eine werdende Mutter ohne einen angeheirateten Mann, das ginge nun doch über die Hutschnur der alleinseligmachenden Kirche. Schweren Herzens kehrte die Nixenfrau zur Stromfee zurück, um Rat einzuholen. Doch die keusche Stromfee, die Zeit ihres Lebens nie einen Mann berührte, machte ihr schwere Vorwürfe und verzauberte sie „Simsalabim" auf ewige Zeit in Stein, mitsamt ihrem Kind im Bauch.
Verzaubert und versteinert erregte sie des Fischers Mitleid. Allein die Stromfee konnte die Nixe zurückzaubern in Fleisch und Blut. Auf der Suche nach ihr irrte er voller Verzweiflung umher, verstieg sich in den steilwandigen Felsen der Weltenburger Enge,

Der Sonntagsausflug

kam im schweren Fels der Langen Wand weder vor noch zurück, stürzte ab, als ihm ein Griff ausbrach, und plumpste in die tiefe Donau. Die starke Strömung trieb den Fischer ab, zog ihn unter Wasser. Des Fischers Weib wartete zwei Tage und zwei Nächte auf die Rückkehr ihres Mannes. Am dritten Tag flogen Raben aus der Schlucht, flatterten aufgeregt über das Wasser. Ihr Krah-krah hallte an den Felswänden wider. Sie verkündeten in der Rabensprache die Trauerbotschaft. Sieben Tage nach des Fischers Flucht aus ihrem Haus starb sie vor lauter Gram. Seitdem haben Wasser und Wind, Schnee und Eis die Steinerne Jungfrau nach ihrem Geschmack geformt. Vom Zahn der Zeit angenagt, verlor sie einige Pfunde, wurde schlank und rank. Das Kind lebt noch in ihrem Schoß. Die Kapitäne der Donaudampfer hören es wimmern. Die Passagiere sitzen auf den Ohren, sie hören nichts, weil sie immer so gröhlen in Gottes freier Natur.

Der Schiffslautsprecher krächzt tieftönend: „Der freistehende Felsturm im Wasser stehend, die Steinerne Jungfrau." Ein Säugling plärrt. Das Geräusch dringt aus der Fahrgastkabine, nicht vom nahen Felsturm der „Steinernen Jungfrau". Eine junge Mutter wechselt gerade die Windeln. Pampers Maxi aus dem Tagesrucksack, atmungsaktiv und ablaufsicher.
„Warum hat die Stromfee die Wassernixe verzaubert?" wollte Anna partout wissen. „Mmmmhhh, weil sie den Fischer liebte und ein Kind von ihm bekam." „Weshalb fing der Fischer die Jungfrau in seinem Netz?" „Weil sie so hübsch war, weil sie ihm gefiel, weil er sie unbedingt haben wollte." „Kann die Stromfee die Jungfrau aus Stein nicht zurückzaubern?" „Da müßte man erst einmal wissen, wo die Stromfee zu Hause ist. Vielleicht irgendwo in den Uferfelsen der Donauschlucht?" Ferdinand plagen andere Sorgen: „Wo machen die Leute auf dem Schiff ihren Aa hin?" „Die haben doch Klos", wirft Anna ein. „Und geht das dann ins Wasser?" Ein echtes Problem, das den Umweltbehörden schon seit geraumer Zeit Sorgen bereitet. Allerdings nicht auf der Donau, sondern auf dem neuen Main-Donau-Kanal. Alle Reeder von Fahrgastschiffen auf Bundeswasserstraßen müßten gesetzlich verpflichtet werden, Fäkalientanks in angemessenen Größen einzubauen, diese werden dann an sogenannten „Entsorgungsstationen" entleert. Die Vereinigten Schiffahrtsunternehmen Kelheim gehen mit gutem Beispiel voran. In Kelheim existiert eine Entsorgungsstation. Mit dem Fahrgastschiff „Maximilian II.", ausgerüstet mit zwei Dieselmotoren zu je 300 Pferdestärken und einem Fassungsvermögen für 650 Personen, tuckern wir an drei Felseneilanden vorbei, den sogenannten „Steinernen Brüdern", auch als „Feindliche Brüder" bekannt. Donauwasser verhindert Blutsbrüderschaft. Am jenseitigen Ufer die „Lange Wand" mit ihren eingemauerten 65 eisernen Fischerringen. Hier wurden früher die Ruderkähne stromauf gezogen. In einer Felsengrotte der Wasserschutzpatron, der heilige Nepomuk. Zur Linken die Römerwand mit der ehemaligen Römerstadt. Mit ihren 90 Metern ist sie das höchste Felsmassiv im Frankenjura. Sommerliches Sonntagsausgehwetter. Der Himmel blaut über einer graugrünen Donau. Viel Volk auf dem Sonnendeck. Kalorienbewußte Frauen mit angehungerter Wespentaille neben prallen Dampfnudeln mit angesetztem Kummerspeck. Barocke Brüste in Bikini-Oberteile gepreßt, anstandshalber.

Donaudurchbruch, Weltenburger Enge

Fährmann, hol über! Kloster Weltenburg

Mountainbikefahrer mit funkelnagelneuen Image-Bikes. Drahtige Rennradler, nur noch von Sehnen gehalten, neben gestandenen Männern mit Bierbäuchen wie Körpererker vorgebaut. Nach 30 Minuten erreichen wir die Schiffsanlegestelle Weltenburg. Gedränge beim Aussteigen. Jeder will der erste sein. Die letzten werden die ersten sein! Vom sicheren Ufer aus bewundern Anna und Ferdinand ihr Schiff, ihren „Dampfer" mit den vielen „Stockwerken".

Volksfestrummel im niederbayerischen Weltenburg wie im oberbayerischen Andechs. Auf Weltenburger Boden entstand 1070 die älteste Klosterbrauerei der Welt. Wer hier eine Maß zu Gemüte führt, muß kein Bierdimpfel sein. Er tut Gutes. Der Erlös aus dem Bier fließt in die Kasse eines Priesterseminars. Die frische Maß unter schattigen Kastanien kostet siebenvierzig, die Halbe dreisiebzig, eine große Laugenbrezel dreizwanzig, und siebzehn-

vierzig 0,35 Liter Klosterlikör aus erlesenen Kräutern. „Mei Großmutter hot gsocht, oall Tag oa Schlückerl fürs Alter, oa Schlückerl für die Gsundheit und oa Schlückerl für die Schönheit", deklamiert eine Bäuerin, Banknachbarin von nebenan, sprach's und feuchtet sich die Kehle mit ihrer „Medizin" an. Flucht aus dem Sonnenglast ins Halbdunkel der Klosterkirche. Chor und Kuppel lichtdurchflutet. Ausgeklügelte Lichtregie der großen Meister. Barocke Illusionsmalerei und Stuckierungskunst ohnegleichen. Das „Wunder von Weltenburg": das Deckenfresko des Cosmas Damian Asam und die Hochaltargruppe des Egid Quirin Asam. Ferdinand stürmt zum Hochaltar. Er wird magisch von dem Reiterstandbild angezogen. Im Dämmerdunkel der Kirche scheint der lichtumflorte Reiter auf den Betrachter zuzukommen, so, als wollte er ihn über den Haufen reiten. Erst beim Nähertreten entdeckt man den gepanzerten heiligen Georg in voller Wehr mit Heim und Federbusch. Ferdinand liebt Pferde und Ungeheuer. Georg der Drachentöter ist ganz nach seinem Geschmack. Der glorreiche, gute Ritter siegt über den Drachen, über das Böse. Georg der Gute, der Drachen der Böse? Warum nicht umgekehrt? Böse Ritter und räuberische Junker gab es zu Zeiten

Gegenverkehr, Kelheim–Weltenburg

Am Donaustrand, „Affeckinger Stein"

Unser Schiff

der Ritterherrlichkeit mehr als genug. Soll ich Aufklärer spielen? Anna legt den Kopf in den Nacken, sucht am „Weltenburger Himmel" den Maler und Architekten. „Ich hab' ihn entdeckt!" schreit sie. „Pssst, nicht so laut", mahne ich. Der Meister in zeitgenössischer Tracht mit langer Lockenperücke, den Stift in der Rechten, als habe er gerade eine schöpferische Pause in seiner Arbeit eingelegt. Lächelnd beugt er sich über den Rand der Kuppelschale, gelassen nimmt er die Huldigung der Kirchenbesucher entgegen. Bravo, Cosmas, möchte man hinaufrufen. „Wenn er sich noch weiter vorbeugt, fällt er runter." „Der sieht ja aus wie ein echter Mann." „Der Himmel ist eine Wucht!" Sprechblasen der Kinder als kritische Kunstbetrachter. Wir flüchten aus dem Volksfestspektakel im Klostergarten an die Kiesschwemmbank der Donau. Wer findet den farbigsten Kiesel? Wer den rundesten? Wer den größten, und wer den kleinsten? Wer wirft am weitesten? Wer läßt auf dem Wasser einen Stein am häufigsten „zwischenlanden"? Dazu braucht ihr flache Kiesel, „Zwitschersteine". Ich suche, führe vor, finde gelehrige Nachahmer. Wasser wälzt sich in schraubenförmigen Bewegungen stromab, am schnellsten am jenseitigen Prallhang.

Gebremste Bewegungsenergie am Gleitufer. Kehrwasser in Gegenrichtung. „Alles fließt und nichts bleibt stehen." Pendelverkehr der Kahnfähre: hinüber und herüber. Ich rede mit den Fährleuten. Was kostet der Kahn bis zum Ende der Langen Wand? Einsteigen bitte! Der Fährmann, ein Graubart im Silberhaar, bedient Ruder und Motor, seine Frau ist zuständig für Finanzen und Informationen. Ab geht die Post. Wir passieren die Durchbruchstrecke. Am linken Ufer die Löwenbucht und die Bischofsbucht, nur schwer erreichbar vom Land aus. Buchten von paradiesischer Abgeschiedenheit. Die „Löwenbuchtwände", die „Bischofsbucht-Westwand" und der „Unverschämte Mann", ein mächtiger Pfeiler mit einem weit ausladenden Gipfeldach, geben

Felsakrobaten manch harte Nuß zum Knacken auf. Dagegen sind der „Bayerische Löwe" und die „Bischofsmütze" für Routiniers unter den Sportkletterern mehr ein Kinderspiel. Vor der Weltenburger Enge strömt die Donau an der Wasseroberfläche mit zirka 2,5 Meter/Sekunde bei Mittelwasserführung. An der engsten Stelle hat sie, aufgestaut und eingespannt zwischen den Felsmassiven, ihre Fließgeschwindigkeit etwa auf die Hälfte verringert. Vor der Enge ist sie 4 Meter tief. Die tiefste Stelle liegt mit 8,5 Metern bei Flußkilometer 169,8. Die wiederholt zitierten 25 Meter sind selbst bei stärkstem Hochwasser eine Mär. Vor dem Ende der Langen Wand wirft der Fährmann seinen Außenbordmotor an, will stromauf fahren. Die Fährfrau protestiert: „He, dammer denn Karussell fahren. Die Herrschaften wolln hier aussteigen." Aus der Motor. Die Fährfrau übernimmt das Kommando, stakt mit dem Ruder in Untiefen. Der Kies knirscht. Wir landen an. Ich entrichte den vereinbarten Obolus. Die Kiesbucht verführt, alle viere von sich zu strecken, in den Tag hineinzuträumen. Wenige Schritte nur zur Ostwandgrotte der Langen Wand. Weiterweg auf gemütlicher Uferpromenade, Rad- und Fußweg zugleich. In der Wipfelsfurter Senke ist selbst einem geologischen Laien klar, daß die eigenartige Hohlform des Geländes nicht von der Donau ausgearbeitet wurde. Ein Meteor schuf diesen Krater, ein Riesenbrocken von einem anderen Stern. Fragen über Fragen der Kinder: Wie groß war der Sternbrocken? Wo liegt der Stein heute? Können wir den Stein mit nach Hause nehmen? Wieso kann von einem Stern ein Stück abplatzen?

Ein reger Schiffs- und Bootsverkehr auf der Donau nimmt die Aufmerksamkeit von Anna und Ferdinand voll in Anspruch, lenkt ab von außerirdischen Problemen. „Schau, Opa, da kommt unser Schiff, die Maximilian. Muß es nicht heißen der „Maximilian"? „Der ist doch „Nichtraucher". „Müssen Dampfer immer rauchen"? Winke, winke mit den Passagieren. Andere Schiffe kreuzen. Wie heißen sie? Da tuckert die „Renate" stromab, wenig später schnaubt „Ludwig der Kelheimer" stromauf. Unterhalb von „Peter und Paul", einem Doppelgipfel am jenseitigen Ufer, wird die „Weltenburg" ausgemacht.

Die „Steinerne Kanzel" und der „Bienenkorb", unmittelbar am Uferweg. Beileibe keine Fahrgastschiffe, sondern vom Flußgeröll glattpolierte Malmkalkfelsen. Einkehr im schattigen Biergarten des Gasthofes „Klösterl", früher Refugium eines Einsiedlers, heute Ausflugsgaststätte.

Schräg einfallende Riffbänke bilden weit ausladende Höhlendächer. Ein Höhlendach als Kirchendach! Im großen Bogen vor zur Schiffsanlegestelle. Eine Waffeltüte mit zwei Eiskugeln, redlich verdienter Weglohn der Kinder. Die beiden „Landratten" haben sich auf ihrer ersten „Seefahrt" wacker geschlagen. Ihre Bilderbuchwelt wurde um ein Stück Wirklichkeit bereichert.

Was machen wir das nächste Mal? Dann, Kinder, laufen wir von Kelheim nach Weltenburg und besteigen am Ende die Lange Wand – wie zünftige Bergsteiger. Einmal die Donau so sehen, wie sie ein Vogel sieht. Au, fein!

Aufgeschoben ist nicht aufgehoben. Jahre später bummelte ich mit meinen Enkelbuben stromauf. Grau in grau der Sommerhimmel. Wir sind Einzelgänger auf der Uferpromenade. Da schau her, Europas einzige Felsenkirche ohne Dach im sogenannten „Klösterl". Ferdinand und Leo reißen Mund und Nase auf. Ein wuchtiger Felsvorsprung als Kirchendach. „Die sparten den Dachdecker." Mit einem Freudenschrei nehmen sie den Kiesstrand an der Langen Wand in Besitz. Weit und breit keine Menschenseele. Fahrgastschiffe

Der Pfiffikus

tuckern stromauf und stromab. Wellen schwappen ans Ufer. Der Steilaufstieg ein Kinderspiel. Leicht kannst du den Atem verlieren. Ein Katzensprung nur bis zum Keltenwalldurchstich (Wegweiser!). 50 Meter auf dem Wall vor zur Aussichtskanzel. Weltenburg aus der Vogelperspektive. Auf bequemen Serpentinen hinunter zur Klostertalstraße. Anlegestelle der Kahnfähre. Baden verboten, lebensgefährlich! Fährmann, hol über! Der große Durst wurde mit einem Spezi im Klostergarten gelöscht. Die große Laugenbrezel kostete statt drei Mark dreisechzig. So ändern sich die Preise und die Zeiten. Auf leisen Sohlen in die Klosterkirche. Georg, der Drachentöter, hoch zu Roß mit Helmzier und Panzer im Kampf gegen den züngelnden Drachen hat es den Kids besonders angetan. Über schiefe Treppenstufen hoch zum Wallfahrtskirchlein (Ausblicke lohnend!) und im Sauseschritt hinunter zur Dampferanlegestelle. Auf dem Oberdeck des „Weltenburger" zurück nach Kelheim (Familienfahrpreis, maximal zwei Erwachsene plus drei Kinder bis 16 Jahre, 18 Deutsche Mark).

Donau
Mit 2850 Kilometern zweitlängster Strom Europas. Größter Strom die Wolga mit 3688 Kilometern. Die Donau entspringt im südlichen Schwarzwald. Quellbäche bilden Brigach und Breg. Sie mündet mit mehreren Armen (Delta) ins Schwarze Meer. Donauländer: Deutschland, Österreich, Jugoslawien, Ungarn, Bulgarien, Rumänien. Wo heute die Altmühl fließt, von Dollnstein bis Kelheim, floß früher die „Urdonau"!

Dampfer
Schiffe, die durch Dampfmaschinen oder Dampfturbinen angetrieben werden. Die Maschinenanlage treibt entweder Schaufelräder (Raddampfer) oder Schiffsschrauben (Schraubendampfer). Es gibt Passagierdampfer, Frachtdampfer und Fischdampfer. Schnelldampfer verkehren zwischen Europa und Amerika. Der Schnellste erhält das begehrte „Blaue Band".

Nixe
Als „Nix" ein Wassermann, Wassergeist oder Flußuntier. Ursprünglich ein märchenhaftes Wasserungeheuer, zum Beispiel ein Wassergeist in Gestalt eines Flußpferdes. Als „Wassernixe" (Wasserjungfrau) ein Mischwesen zwischen Mensch und Tier: oben Weib und unten Fisch.

Meteor
Feuerkugel oder Sternschnuppe. Gesteinsbrocken außerirdischer Herkunft. Ungeheuer viele Meteore kurven im Weltraum herum. Kommen sie der Erde zu nahe, so werden sie von ihrer Bahn abgelenkt und stürzen mit Donnerschall auf die Erde nieder. Große Meteore reißen Krater auf. Der größte bekannte Meteor hat ein Gewicht von 30 000 Kilogramm.

Der Elternkompaß

Was am Wegrand?
Die von steilwandigen Malmkalkfelsen gesäumte „Weltenburger Enge" (Donaudurchbruch). Ein Stück unverfälschter Natur! Das Naturschutzgebiet wurde mit dem „Europadiplom" ausgezeichnet. Das „Wunder von Weltenburg": die Klosterkirche mit Hochaltar und Deckenfresko (Himmel) der Gebrüder Asam. Bester Raum- und Lichteffekt für Chor und Kuppel bei strahlender Morgensonne! Mit einem Fahrgastschiff oder mit der Kahnfähre durch den Donaudurchbruch. Die Befreiungshalle auf dem Michelsberg. Die romantische Herzogstadt Kelheim.

Wann am besten?
Im Maienfrühling zur Zeit des ersten Buchengrüns und im Oktoberherbst: Farbenrausch der Uferwälder. Uferweg der Donau im Hochsommer sehr heiß!

Wie sich orientieren?
Bahnstation Saal/Donau (DB-Streckennummer 910). Anschlußbusse nach Kelheim, Haltestelle Wöhrdplatz, nahe der Schiffsanlegestelle. 14 Minuten Fahrzeit. Brandneu: „Freizeitbus Altmühltal" Regensburg-Kelheim-Riedenburg und zurück mit Fahrrad inklusive und Zuganschluß! Fahrzeit Regensburg-Kelheim 42 Minuten. Familien-Tageskarte! Schnellster Anfahrtsweg mit dem Auto von Nürnberg über die A 3 (Nürnberg – Regensburg), Ausfahrt Parsberg. Weiter über Breitenbrunn, Riedenburg nach Kelheim. Alternativ über die stark befahrene A 9 (Nürnberg – München), Ausfahrt Altmühltal. Fahrpläne (Schiffsverbindungen) über Landkreis Kelheim, Fremdenverkehrsamt, Schloßweg 3, 93309 Kelheim (Tel. 09441/207-125). Beste Karte: Topographische Karte 1:25 000, Blatt 7037 Kelheim; 1:50 000 Naturpark Altmühltal, Mittlerer und östlicher Teil (zur Übersicht!). Drei-Sterne-Wanderspaziergang! 4 Sterne für den Donaudurchbruch! Fußweg: Wandfuß der Langen Wand – Schiffsanlegestelle Kelheim zirka 4 Kilometer. Über die Lange Wand zirka 5 Kilometer. Sonnige Wegstrecke am Donau-Ufer entlang. Schattig auf dem Gipfelkamm der Langen Wand.

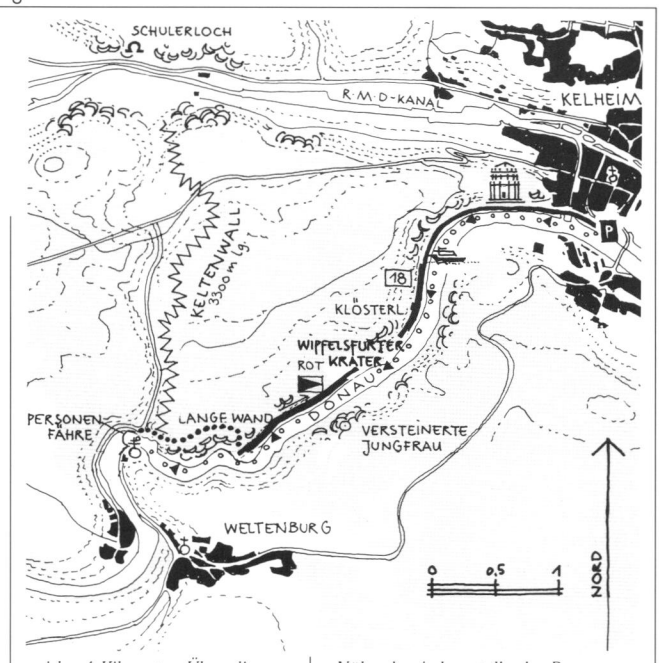

Wo rasten und nicht rosten?
Im schattigen Klosterbiergarten von Weltenburg. Vor dem Wallfahrtskirchlein oberhalb des Klosters (Treppenaufstieg). Auf der sonnigen Kiesschwemmbank vor dem Kloster. In der Nähe der Anlegestelle der Personen(kahn)fähre auf dem linken Donau-Ufer: Bilderbuchansicht der Klosterkirche mit Konventsgebäude. Auf der Kiesschwemmbank am Fuß der Langen Wand. Oberhalb der Langen Wand (Aus- und Tiefblicke in den Donau-Cañon). Achtung, Absturzgefahr! Beliebig am linken Donau-Ufer bis Kelheim. Im schattigen Biergarten der Gasthof-Pension „Klösterl" direkt am Donau-Ufer.

Kastelle und Kohorten, Kettenhemden und Panzerwesten

Ein Besuch im Circus Maximus

So oder so ähnlich, vielleicht auch ein wenig anders mögen die Tagebuchnotizen eines jungen Mädchens im Alten Rom gelautet haben. Geben wir der Tagebuchschreiberin den Namen Julia und erheben wir sie zur Tochter eines reichen Getreidegroßhändlers, der sein ganzes Geld in seine Handelsschiffe steckte. Selbst der Kaiser stand mit seinen Getreidespenden bei ihm in der Kreide. Versprochen war sie seit zwei Jahren Marius, Sohn des Direktors einer „Renn-Aktiengesellschaft", ein Spezialunternehmen, das die Zirkusspiele organisierte und alles Notwendige dazu lieferte. Julias Tagebuch, das sie vor dem Zugriff der Eltern unter ihrer Bettstatt versteckte, bestand aus rechteckigen Holztafeln, die mit einer weichen Wachsschicht überzogen waren. Mit einem Griffel aus Elfenbein ritzte sie feinsäuberlich Buchstabe für Buchstabe ins Wachs. Manchmal fand sie ihr Geschreibsel irgendwie komisch. Dann drehte sie den Griffel um und glättete mit der gebogenen Seite die Wachsfläche. So einfach war dies: Zu meinem 14. Geburtstag nahm mich mein Vater in den Zirkus mit. Vater ist ein großer Pferdenarr, und ich bin eine kleine Pferdenärrin. Seine Narretei geht so weit, daß er die Goldstatuette seines Lieblingshengstes stets mit sich herumträgt. Außerdem ist er ein Anhänger der grünen „Zirkuspartei'. Vater scheut sich nicht, den Mist ihrer Rennpferde zu beriechen, um sich über Güte und Verdaulichkeit des verwendeten Futters ein Bild zu machen.

Im Morgengrauen machen wir uns auf den Weg. In den Straßen wimmelt es von Menschen. Alle wollen zum Zirkus. Wir kommen kaum voran. Unsere Hausklaven bahnen uns einen Weg durch die Menge. Ich sitze auf den starken Schultern von Adonis, Muttis Lieblingsklaven. Ich kann den Kerl nicht leiden, weil er immer so nach Schweiß riecht und selten in die Therme geht. Mutti hat ihn wegen seiner starken Muskeln auf dem Markt gekauft. Abertausende sind augenblicklich unterwegs, um rechtzeitig einen begehrten Zirkusplatz zu ergattern. Die Plätze kosten nichts, weder eine Sesterze noch eine einzige Unze. Hohe Summen verlangen die Rennwagenfahrer für ihren Einsatz. Kaiser, Prätoren und Konsuln als Spielgeber zahlen. Einmal, so erzählte mir Vater, wurde ein Kaiser durch die zum Zirkus strömende Menge aus dem Schlaf gerissen. Er ließ die nächtlichen Ruhestörer mit Stöcken auseinandertreiben. Es kam zu einem Blutbad. 20 römischen Rittern und ebenso vielen verheirateten Frauen soll es das Leben gekostet haben. Ein Anderer soll gar ein

Paket Giftschlangen in die Menge geworfen haben, so daß es zu einer Panik kam.
Viele Bürger wurden zu Tode getrampelt.
Vor dem Zirkuseingang wird gedrängelt und geschubst. Die Leute treten sich gegenseitig auf die Füße. Jeder will der erste sein. Ein Glück, daß wir unsere Sklaven dabei haben. Für uns sind Steinplätze reserviert, keine einfachen Holzplätze. Die Wagen mit den federleichten Kästen stehen noch in ihren Boxen. Von den Fahrern wurden die Startplätze untereinander ausgelost. Die Rennkutscher tragen eine Art Sturzhelm und eine kurze, trikotartige Tunica (= Untergewand) in der Farbe ihrer Partei, weiße, rote, grüne oder blaue. Mein Vater ist ein Parteigänger der Grünen, ich natürlich auch. Er setzt auf den Rotfuchs Victor als „Leitpferd" im Gespann eines „Grünen".
Ich drücke Vater beide Daumen.
Die Wagenlenker warten auf das Startzeichen des Spielgebers. Mit verhaltenem Atem und weit aufgerissenen Augen. Plötzlich wirft der Ausrichter ein weißes Tuch von seiner Loge in die Rennbahn. Die Boxen werden geöffnet, die Gespanne stürmen heraus. Im Zirkus ist die Hölle los. Einpeitscher feuern die Anhänger ihrer Partei an. Die Zuschauer auf den Rängen schreien aus vollem Hals. Man kann sein eigenes Wort nicht mehr verstehen. Staubfahnen auf der Sandbahn. Die Wendemarke ist eng zu umrunden. Jeder Umlauf ist etwa 1,2 Kilometer lang. Siebenmal muß die Strecke durchfahren werden. Ein Wagen der „Roten" stürzt an der Wendemarke. Der Lenker wird herausgeschleudert. Andere Wagen brausen über das Hindernis hinweg. Es kracht und splittert. Holzspeichen der Räder wirbeln durch die Luft. Blutlachen im Sand. Die Masse kreischt vor Vergnügen. Der Sieger schafft die Strecke in 13 Minuten. Wichtiger als Palmenzweig und Siegerkranz ist Geld, bar in die Hand. Die Spitzenfahrer sind gemachte Leute. Sie kommen leicht auf das Einkommen von 100 Rechtsanwälten. Die Römer nennen die wiederholt Siegreichen „milliarii", das sind Wagenlenker, die mindestens eintausend erste Preise errungen haben (mille = eintausend).
Der Sieger im grünen Trikot fährt eine Ehrenrunde. Ärzte bemühen sich an der Wendemarke um den gestürzten Wagenlenker. Sie tragen den Mist wilder Eber, der im Frühling gesammelt und getrocknet wird, auf die offene Wunde. Ein anderer Medicus reicht dem Verletzten einen Becher, Wasser mit Ebermist angerührt. Vater erzählt mir beiläufig, daß Kaiser Nero von dieser Medizin so überzeugt gewesen sei, daß er sie vorbeugend eingenommen habe. Plinius, ein berühmter römischer Schriftsteller, empfiehlt, wenn der Mist eines wilden Ebers augenblicklich nicht zu bekommen sei, solle man bei Verletzungen, wie sie bei Wagenlenkern häufig vorkämen, als zweitbeste Medizin den Mist von Hausschweinen nehmen. Da dreht sich bei mir der Magen herum. Ich könnte das Zeug nicht trinken. In der ersten Pause, als Kunstreiter ihre Kunststückchen vorführten, warfen Beauftragte des Kaisers Süßigkeiten und gefüllte Geldbörsen in die Zuschauerränge des einfachen Volkes. Warum gröhlen eigentlich die Menschen so, wenn sie für einen Wagenlenker oder die Farbe seiner Tunica Partei ergreifen? Warum sind sie außer Rand und Band, wenn Blut fließt? Marius sagte mir, dies sei im Amphitheater bei den Gladiatorenkämpfen noch viel, viel schlimmer. Ich glaube, es macht die Masse der Menschen aus. In einer großen Menge spielen sie einfach verrückt. Der einzelne verliert sein Gesicht. Zu Hause oder in kleinen Gruppen sind dieselben Menschen doch ganz anders, friedlicher – oder nicht?

Kastelle und Kohorten, Kettenhemden und Panzerwesten **137**

Römerbrücke, Pfünz

Die Sonntagsausflüge

Denkmalschützer, Pfünz

Die Römer in Pfünz – Kastelle und Kohorten, Kettenhemden und Panzerwesten

Wir spazieren auf den Spuren der Römer. Der Pfünzer Kirchberg ist Kastellberg. Unweit des Limes, der römischen Grenzmark. Eine Grenze, wie mit dem Lineal gezogen. Klar sichtbar im Gelände. Weder chinesische Mauer noch Maginot-Linie der Römer in Rätien. Klein- und Großkastelle dahinter sperrten die Grenze. Feindliche Einbruchstellen wurden durch eigene Truppen abgefangen und abgeriegelt. Pfünz war ein großes Kastell mit einer Stammtruppe, der Cohors I Breucorum civium Romanarum, einem Lagerdorf (vicus), einem stattlichen Kastellbad, in dem geschwitzt, warm, lau und kalt gebadet wurde, und einem „Industrieviertel" mit Eisen-, Schmelz- und Töpferöfen am Pfünzer Bach.

Das Römerkastell, 42 Meter über der Talsohle gelegen, zieht uns magnetisch an. Von der Hauptstraße Pfünz-Eichstätt zweigt eine kleine asphaltierte Straße ab, „Römersteig" genannt. Sie führt steil hoch (20 % Steigung!). Nach dem Ortsschild Wegweiser: Fußweg zum Römerkastell.

15 Treppenstufen hoch, ausgebauter, bequemer Spazierpfad. Trockenrasenhang. Befahren verboten! Nur wenige Schritte zur Kammhöhe. Das wiederaufgebaute Nordtor wie aus einer Spielzeugschachtel. Römertor aus der Retorte, unbeleckt von historischer Patina. Originalgetreu rekonstruiert. Wiederaufgebaut auf den antiken Fundamenten. Die Mauern massiv aus handgehauenen Kalkbruchsteinen, die Torbögen mit Tuffkalksteinen gewölbt, der Mörtel nach römischer Rezeptur gemischt, die Ziegel aus Florenz importiert. Das Südtor durch eine Ahorngruppe gut gekennzeichnet. Nebelschwaden lagern über dem Kastell, machen Vergangenes gegenwärtig. In der Wachstube des Nordtores zwei römische Infanteristen hinter getöntem Glas. Schaufensterpuppen mit martialischem Anstrich. Der eine Krieger in aufrechter Haltung mit Eisenhelm, Lanze, Ovalschild und Schuppenpanzer (2200 Eisenplättchen bringen 9 Kilogramm auf die Waage!) Der andere in einem aus 30 000 Eisenringen bestehenden Kettenhemd am rohen Holztisch sitzend, sein zweischneidiges Kurzschwert auf Hochglanz polierend. Die ideale Waffe für Hieb und Stich im Nahkampf.

Das Pfünzer Kastell wurde im 3. Jahrhundert nach Christus zum zweiten Mal zerstört. Kastell und Kohorte überlebten den Ansturm nicht. Die „Barbaren", unsere lieben Vorfahren, mußten wie der Blitz aus heiterem Himmel gekommen sein. Ausgräber fanden in der Südwestecke des Mittelgebäudes eine Eisenkette mit einem verschließbaren Ring. Darin steckten die Unterschenkelknochen eines Gefangenen. Der Bedauernswerte hatte sich beim Überfall nicht mehr wehren können. Er verbrannte qualvoll. Selbst die Wachmannschaften fanden keine Zeit mehr, ihre Schilde zu ergreifen. Neben dem Eingang in den linken Turm des Südtores wurden drei Schildbuckel angelehnt gefunden.

Römische Quadriga

Die Villa Rustica in Möckenlohe
Spelzbrei und Dinkelbrot macht Römerwangen rot

Ein Katzensprung nur vom Kastell der Römer zur römischen Villa Rustica in Möckenlohe. Ganze acht Kilometer über Pietenfeld und Adelschlag. Lohnend auf alle Fälle. Kein „Bauerngut" aus der Retorte, sondern ausgegraben, freigelegt und auf den antiken Grundmauern wieder aufgebaut. Die Bruchsteine zusammengelesen von einer alten Poststation in Beilngries und einem ehemaligen Bahnhof aus Kipfenberg. Die Dachziegeln aus Italien importiert. Grundbesitzer, Entdecker und Initiator: Michael Donabauer aus Möckenlohe, routinierter Lenker eines vierspännigen römischen Streitwagens (Quadriga). Alles in Allem: ein Wohnhaus mit Fußbodenheizung (Hypokaustenheizung), Säulengang und den dazugehörenden Wirtschaftsgebäuden: Remisen, Stallungen und Speicher. Beileibe kein Landsitz feudaler Grundherren., sondern „Ruhesitz" römischer Kriegsveteranen.

Funde vor Ort zur Schau gestellt. Hinter dem Villengebäude ein römischer Haustierpark: Wollschweine, Walliser Ziegen, Schwarznasenschafe und langhornige Steppenrinder. Tierstämme, die seit der Antike reinrassig geblieben sind und im Aussehen ihren nahen Verwandten auf den römischen Reliefs wie ein Ei dem anderen gleichen.

Im zweijährigen Turnus findet auf dem Gelände der „Villa Rustica" ein Römerfest statt. Da wird geackert, geeggt, gemäht und gedroschen und die Spreu vom Weizen getrennt, Römersuppe geschlürft und römischer Wein gebechert. Wie Anno dazumal vor rund 2000 Jahren bei den Alten Römern im schönen Altmühltal.

Kurzum, Geschichte zum Anfassen, zum Miterleben und Mitmachen. Die Kinder, sonst nicht auf den Mund gefallen, reißen bei den Römerspektakeln Mund und Nase auf – sowohl auf dem Pfünzer Kastellberg (militärisches Schauspiel) wie in der Möckenloher Flur (römisches Landleben).

Der Pfiffikus

Kastell
Befestigungsanlage der Römer. Meist ein Standlager für Reiterverbände (Kavallerie) und Fußsoldaten (Infanterie). In der Regel rechteckig mit Wehrmauer, Graben und vier Türmen. Jedes Kastell besaß ein eigenes Bad und ein Lagerdorf. Im Dorf wohnten die Familien der Soldaten, Veteranen (Soldaten im Ruhestand), Handwerker und Händler. Die Besatzung der Kastelle hatte die Aufgabe, feindliche Einbrüche in den Limes abzuriegeln. Vom Pfünzer Kastell bis zum Limes bei Kipfenberg sind es 70 Kilometer Luftlinie. Die Stammtruppe des Kastells war die erste Kohorte (Kampfeinheit) der Breuker, römische Bürger, die wegen ihrer Tapferkeit zweimal einen Ehrenschmuck erhielten.

Limes
Eine mit zahlreichen Wachtürmen bestückte Militärgrenze der Römer gegen die anstürmenden Germanen. Schnurgerade, wie mit dem Lineal gezogen. Erst Holzzaun (Palisade), dann Wall und Groben, später Steinmauer. Daher der Name „Pfahl" (Pfahldorf, Pfahläcker) oder „Teufelsmauer". Der Teufel höchstpersönlich soll beim Bau dieser Riesenmauer Hand angelegt haben. Stellenweise heute noch als Schuttwall im Gelände erkennbar. Der Limes zwischen Rhein und Donau hielt gut 150 Jahre. Er trennte das Imperium (Kaiserreich) vom Barbaricum (Barbarenreich). Barbar = roher, ungesitteter und ungebildeter Mensch.

Römerrüstung
Der Reiter trug zum Schutz seines Körpers Helm, Schild und Panzer. Der Helm war verziert mit einem Helmbusch aus roten und schwarzen Federn, der Holzschild, oval oder sechseckig, das Schwert lang und zweischneidig.

Auch die Pferde trugen Schuppenpanzer. Die Uniform des Fußsoldaten bestand aus Helm und Schienenpanzer, später Schuppenpanzer und Kettenhemd. Dazu der leichtere Ovalschild und ein zweischneidiges Kurzschwert für Hieb und Stich im Nahkampf. Die Soldaten kauften ihre Waffen selbst. Auf dem Marsch mußte jeder Soldat einen Getreidevorrat für 15 bis 20 Tage, eine Säge, einen Korb, ein Beil, einen Topf und zwei oder drei Schanzpfähle mit sich schleppen.

panem et circenses
Auf gut deutsch: Brot und Zirkusspiele. Freizeitveranstaltungen und Massenunterhaltungen im antiken Rom. Unter den Caesaren (Kaisern) waren es Gladiatorenkämpfe (Gladiator = Fechter, Schwertkämpfer), Hetzjagden mit wilden Tieren, Wagenrennen und Theateraufführungen, aber auch die Zuteilung von Lebensmitteln (öffentliche Getreidespenden). Kornverteilung auf „Lebensmittelmarken"! Zunächst aus Bronze, später aus Blei mit dem Bildnis des Kaisers. Jedermann hatte Anspruch darauf. Wagenlenker im Alten Rom waren, ähnlich den heutigen Fußballstars, hochbezahlte Profis.

Erklimm die Michelsberg-Ostwand

Aufstieg, Schlossersteig

Der Michelsberg übte von jeher eine magische Anziehungskraft auf den Betrachter aus. Leg am „Kipfenberger Stachus" den Kopf in den Nacken! Seine Spitze scheint hier am spitzesten. Er ist der reine und klare Aufbau eines ganz einfachen Berges. Ein Bergblock, weder Mauer noch Matterhorn. Er beherrscht die Tallandschaft. Es gibt Berge, die schwerer zu besteigen sind, gewaltiger, phantastischer. Es gibt schließlich Berge, die rein ästhetisch gesehen zehnmal schöner sind. Und dennoch, ich mag den Michelsberg. Die Linien seines Aufbaues haben eine himmelstrebende Kraft.

Viele Wege führen nach Rom, und viele verschlungene Pfade auf den Michelsberg. Zum Beispiel der „Prozessionsweg" über die „Galgenleite", der Kipfenberger Richtstätte. Ein Weg für Bergbummler und Zeitdehner, für Schleppfüßige und Wankelmütige. Zum anderen Beispiel der Nordaufstieg vom Keltenweg aus. Ein Pfad für Zeitgewinnler. Zum dritten Beispiel der Aufstieg durch die „Ostwand". Ein Steig für Michelsberg-Liebhaber und Möchtegern-Bergsteiger. Mitten auf dem „Stachus" von Kipfenberg, vor dem Georgskirchlein, entscheiden wir uns für den Steig, den der wackere Forstmeister 1908 „erschlosserte".

Die Kinder recken die Hälse, bewundern den gewaltigen Maibaum, bemalt mit dem bayerischen Weißblau, geschmückt mit Handwerks- und Zunftzeichen. Holzwegweiser unmittelbar daneben: Birktal. Der schmalen Bachgasse entlang. In Beton gezwängter Birkbach. Am Ende geräumiger Parkplatz mit großer Info-Tafel: Wanderwege Markt Kipfenberg und Schambachtal. Es ist noch früh am Tag. Nebelschwaden wabern auf den Birktalhängen, sinken tiefer, lösen sich auf, Schönwetter verheißend. Einstieg zum „Schlossersteig" unmittelbar an einer Gerätehütte. Blechschild als Warnschild: „Ostaufstieg schwer begehbar!" Die Warnung gilt wohl mehr für Sandalenlatscher oder Plateausohlenträger oder für Dickbäuchige und Dampfnudeln, die leicht außer Atem kommen und den Gipfel naß wie ein schlappes Handtuch erreichen. Manch einer zögert. Sei guten Mutes. Der Steig ist harmlos, nie langweilig und an exponierten Stellen abgesichert. Anna und Ferdinand schwärmen für den „Schlossersteig". Er beginnt als Treppenstiege. Beton- und Steintreppen führen zu einer Minifelskanzel. Ein Lindenbaum versperrt den Blick auf die Kipfenberger Burg. 17 Betontreppenstufen hoch zu einer zweiten Kanzel. Nunmehr freier Blick auf die Raubritterburg. Der Markt Kipfenberg im Schatten seiner mächtigen Burg. Serpentine reiht sich an Serpentine. Betontreppenstufen wechseln mit durchwachsenem Felsgelände, Schrofengelände. Wir gewinnen rasch an Höhe. Die Kinder gehen anfangs unökonomisch, reihen Schritte ungleichmäßig aneinander, nehmen die Beine unterm Arm. Ich bremse den Sturmlauf, mache das Tempo. Andreas, 11, als der Älteste der Kinderschar, wenige Meter vor mir. Anna, 5, hinter mir. Ferdinand an der Hand seines Vaters. Franzel, ein Rauhhaardackel, wird im Rucksack seines Herrn bei Kräften gehalten. Langsam finden wir unseren Rhythmus. Gehordnung und Schrittfolgen ergeben sich automatisch. Gehpausen werden eingelegt, die Kinder mit Lob überschüttet. Talseitig Eisenrohrgeländer. Seelischer Halt für ängstliche Gemüter. Blühender Blutstorchschnabel mitten im Hang. Karmesinrot zuhauf, nicht blutrot. Eine Augenweide. Taufen wir die Ostwand einfach „Storchschnabelwand". Ruhebank am Fuße einer Felswand, gestiftet von Heinrich Haderer. Ausschnaufen und tief Atem holen. Nach der Ruhebank 14 Treppenstufen aufwärts, dann 9 Stufen abwärts. Das kann doch nicht wahr sein! Leider nur vorübergehend. Eisen- und Felstreppenstufen wechseln. Steil hoch zu einer Aussichtsbastei, keck ins Tal springend, abgesichert ringsum. Nur 5 Meter vom Normalweg.
Tiefblick ins Birktal, früher „Bürgtal". Wacholderbestückt der Steilhang unter uns. Ausruf Anna: „Huiiii, da geht's aber tief hinunter!" Wenige Schritte nur vom ausguck, 28 abgezählte, zum „Waggerlloch". Nesthäkchen die Hand reichen! Das Felsloch bot Schutz und Schirm schon in der Hallstattzeit. Tonscherben ausgegraben und zweifelsfrei gedeutet. Andreas und Anna stecken ihre Nase in die Eingangshalle der Höhle. Von der Tageshelle in die Stockfinsternis. 20 Meter nach der Aussichtsbastei führen Trittspuren zu einem Felsspalt hoch, Neugier weckend. Etwa 30 Meter nach der Bastei zweigt der „Plazottasteig" links ab, quert den Steilhang (Markierung Nr. 19). Wir bleiben in der Fallinie. Schattiger Buchenwald nach wenigen Metern. Stämmige Buchen wurzelverkrallt im steilen Felshang. Glatte Buchenherzwurzeln als Stolperwurzeln. Waldwildnis im Halblicht helldunkel. Bergauf im Zickzack. Ein Dutzend Serpentinen, talseitig Eisenrohrgeländer, hoch zur Kammhöhe. Wie eine Karriereleiter, stetig höher klimmend. Endlich oben. Aufatmen, geschafft. Ein Sonderlob

Erklimm die Michelsberg-Ostwand **143**

Früh übt sich …

Kipfenberger Burg

den Kindern. Ich verspreche ein Eis beim Kipfenberger Antonio.
Ruhebank auf der Kammhöhe. Auf Spurensuche längs des Bergkammes. Reste einer Befestigungsmauer, dann Wälle und Gräben aus vorchristlicher Zeit. Fliehburg dermaleinst. Die Vergangenheit des Berges hat uns eingeholt. Vor zum Bergsporn. Mauerreste einer Wallfahrtskapelle. Daneben stand eine Eremitenklause. Was ist eine Klause? Eine Klause ist ein Haus, in dem einer mutterseelenallein lebt. Warum? fragt Ferdinand. Hat der keine Frau? Der letzte Eremit, Hilarius Drexler, Gambrinusverehrer und Gewohnheitstrinker, dessenthalben verurteilt zu achttägigen Exerzitien bei den Eichstätter Kapuzinern, starb 1819. Linden und Lärchen auf dem Gipfelplateau. Gipfelkreuz mit goldenem Christus. Das Altmühltal zu unseren Füßen. Vorsicht, Steilabfall!

Zwar abgesichert, ratsam jedoch: Springinsfelde im Auge behalten! Die Kipfenberger Burg ins Auge springend. Bilderbuchburg, Spielzeugburg, Ritterburg. Zahlreiche Raubritter, adeligen und fränkischen Geblüts, sollen zu Beginn des 15. Jahrhunderts in den finsteren Burgverliesen geschmachtet haben. Ihres Glanzes beraubt, machten ihnen die Burgherren die Hölle heiß. So vermessen war die Idee nun auch wieder nicht, von der Platte des Vögelsbuck, auf dem einst ein mächtiges Geschlecht saß, eine Brücke zum Michelsberg zu schlagen, talüberspannend. Ein Riesenbauwerk der Legende nach, bei dem „der böse Feind behülflich gewesen" sei. So kamen die Kipfenberger um ein achtes Weltwunder. Schattiger Gipfelrastplatz unter einer Linde. Die Kinder schlürfen Limonade. „Gell, Opa, der Abfall gehört in den Rucksack, nicht in den Abfallkorb." Je mehr Körbe auf dem Berg, um so mehr Abfall! Abstieg über die Nordwand. Nordwand klingt wie Mordwand, wie Eiger-Nordwand. Bangemachen gilt nicht. Wer die Ostwand gemeistert hat, für den ist der Nordabstieg ein Kinderspiel. Achtung! Zirka 50 Meter vom Rastplatz führt ein kleines Steiglein unmittelbar in eine unwegsame Felsenschlucht. Obacht geben! Benjamine

Knorrige Buchen, Michelsberg

kurzzeitig an Hand führen (Rutschgefahr bei Nässe!). Wanderer, die nach Arnsberg wollen, folgen der Markierung „G" etwa 2,5 Kilometer zum Schloßhotel Arnsberg, sehen sich satt am Altmühlbogen, kosten Spezialitäten der Schloßküche, unternehmen einen Abstecher ins Dorf der „Krautstengel" (Arnsberg), holen bei Walburga Pröll in der Sebastiansgasse Nr. 2 (Hausglocke im Flur dreimal läuten! Glockenstrang ziehen!) den Schlüssel zur Sebastian-Kirche, bewundern das Innere eines „schutzwürdigen Kulturgutes" und steigen, nach einer „schöpferischen Pause," über den Höhensteig (Markierung Nr. 11) nach Kipfenberg zurück. Wir wollen schneller unten sein. Anna tauft den Schluchtenweg „Zickzackweg". „Schau her, immer von Zick nach Zack!" Das Gehen bergab ist für Kleinkinder eher nachteilig wegen der ungünstigen Proportionen der kindlichen Gestalt. Ein Kind führt gern schwunghafte Bewegungen aus, gerät leicht ins Stolpern. Es steht noch schwach auf den Beinen und muß eine große Körpermasse abbremsen. Dämmerdunkel in der Schlucht. Wie mit Grünspan überzogen die Felsen. Schattenspiele der Buchenblätter im Gegenlicht. Nach 20 Serpentinen öffnet sich der Buchenwald. Wiesensteilhang mit Ausblick ins Tal. Nach genau 25 Serpentinen mündet der „Zickzackweg" in den Keltenweg. Schnurstracks vor zur Eichstätter Straße. Erfrischung am Geißbrunnen. „Was, so groß war die Geiß, die mußten aber schwer ziehen, um die Ziege auf die Mauer zu bringen!" Ein Katzensprung nur vom „Kipfenberger Stachus" zum Kipfenberger Marktplatz. Den Gipfelstürmern rutscht der Magen weg. Der Marktmetzger empfiehlt Wiener im Brezenteig, einsachtzig die Brezen, frische Weißwürste, hausgemachte, ausgelegte Knöcherlsülze, gegrilltes Wammerl und frische Leberknödel. Alles aus „eigener Schlachtung". Die Großen gelüstet mehr nach einem Bauernschmaus mit Kraut und Schupfnudeln. Die Kleinen sind heißhungrig auf Reiberdatschi mit Apfelmus. Heute zu haben aus der Schmankerlküche des „Alten Peter", Marktplatz 16 (gemütliche Galerie, Biergarten vorm Haus und Kinderspielecke im Innenhof). Während alle Ostwand- und Nordwandbezwinger genüßlich schwelgen und schnabulieren, wird das Nachmittagsprogramm besprochen, Das Terrassenschwimmbad, beheizt auf 24 Grad, steht auf der Familien-Tagesordnung. Nach erstem Hungerstillen und großem Eisschlecken begeben wir uns auf Spurensuche ins Heimat-

Der Pfiffikus

Fasenickl

Abgeleitet von Fasenacht = Fastnacht und vom altfränkischen Nickl (Nigl) = Spaßvogel. Einer, der die Leute zum Narren halten und hinters Licht führen kann. Vom „Unsinnigen Donnerstag" bis zum Faschingsdienstag treiben die Fasenickl im Fleckengewand mit dämonischen Masken ihre Schelmerei auf dem Kipfenberger Marktplatz, führen die Zuschauer an der Nase herum und schnalzen (knallen) mit ihren „Goaßln" (Peitschen) so laut, daß die Peitschenschläge wie Pistolenschüsse krachen. Die Kinder locken die „Nickl" mit ihrem rätselhaften Ruf „Gö-sucht" (Ton auf der zweiten Silbe). Die Knirpse spekulieren auf „Brezen" und „Gutseln" (Bonbons).

Berchfritstumpf, Arnsberg

museum im Dachgeschoß des Rathauses. Wer findet das spindeldürre Schneiderlein mit dem Ziegenhorn im Knopfloch? Wahrhaftig, da hängt es, im maßgeschnittenen Schneiderwams mit weißer Halskrause. Vor lauter Schreck alle Viere von sich streckend. Öl auf Leinwand im breiten Holzrahmen. Etwa Mitte des 18. Jahrhunderts. Nicht weitersagen: gleich links neben der Eingangstüre. Blick durchs Fenster zur katholischen Pfarrkirche und zur Spielzeugburg. Die Dielen knarren. Anheimelnd der Museumsraum. Sammelsurium der Gegenstände. Kipfenberg wie es leibt und lebte. Vom Steinwerkzeug über den Holzpflug zur Turmuhr und der ersten Schreibmaschine. Römische Ziegel für Warmluftheizung, Wurfgeschosse und Pfeilspitzen. Schützenscheiben und Schulbücher. Butterfässer, Bauernschränke und Himmelbetten. Altmühltaler Trachten und Fasenickl-Kostüme. Wasserschlacht der Kinder im Brunnentrog des Fasenickl-Brunnens inmitten des Marktplatzes. Auf der steinernen Säule der peitschenschwingende „Fasenickl", Symbolfigur der Kipfenberger, Bajazzo und Possenreißer, Dorfdämon und Dorfnarr vom „Unsinnigen Donnerstag" bis zum Faschingsdienstag. Ein Neckvers der Kipfenberger Kinder fällt mir ein:

Fosanigl
houscht Leis im Kittl,
hans hupfat wor'n
hans eu dafrorn.
Bockhirn, Dreckhirn,
Nigl, Nigl, alle Dooch
gehj mit mia in d' Oitmüh no,
und putz dei dreckerte Nosn o!

Fasenickl
hast Läus im Kittel
sind's springend worden
sind's alle erforen.
Bockhirn, Dreckhirn,
Nickl, Nickl, alle Tage
geh mit mir zur Altmühl hinunter
und putz deine dreckige Nase ab!

Der Elternkompaß

für den Pfünzer Kastellberg, die Villa Rustica und den Kipfenberger Michelsberg

Was am Wegrand
Das rekonstruierte Römerkastell Pfünz Vetoniana auf einem Jurasporn 42 Meter über der Talsohle gelegen. Ein Kastell zum Anfassen. Die römische Villa Rustica in Möckenlohe. Ein römischer Gutshof auf sichtbaren Originalmauern mit Museum und einem römischen Haustierpark. Das Römerfest in Möckenlohe (bäuerliches Leben zur Römerzeit) mit Quadrigafahrten. Auskunft Michael Donabauer, Telefon 08424/277. Kipfenberg als der „Nabel Bayerns". Es liegt genau in seiner Mitte. Der Michelsberg als vorchristliche Fliehburg und Zufluchtsort. Die Kipfenberger Burg als „Bilderbuchburg" (Privatbesitz, kein Zugang!). Die Burgruine Arnsberg. Das Fasenachtsmuseum im renovierten Torwärterhaus. Das „Fasenickl-Laufen" vom „Unsinnigen Donnerstag bis Faschingsdienstag auf dem Kipfenberger Marktplatz. Das „Limesfest" in Kipfenberg (Mitte August).

Wann am besten?
Frühling (Flora und Buchengrün), Frühsommer und Oktoberherbst (Farbenrausch). Alternativ zur Zeit der „Römerfeste"

Wie am besten?
Bahnstation Eichstätt-Stadtbahnhof (DB Streckennummer 923). Regionalbusverbindung vom Stadtbahnhof über Pfünz (Haltestelle Eichstätter Straße) nach Kipfenberg (Haltestelle Parkplatz). Von Pfünz nach Kipfenberg landschaftlich reizvolle Fahrt durchs Altmühltal. Mit dem Auto über die A9, Ausfahrt Altmühltal. Rundgang um das Pfünzer Kastell mit Infotafeln. Steilaufstieg aus dem Kipfenberger Birktal durch die „Michelsberg-Ostwand", sogenannter „Schlossersteig. Zirka 100 Meter Höhenunterschied. Keine Absturzgefahr! Brauchbares Schuhwerk und ein wenig Schwindelfreiheit erforderlich. Bergstrecke (Kipfenberg) Ostwand mit Nordabstieg zirka 3 Kilometer. Wanderstrecke: Michelsberg–Arnsberg–Kipfenberg zirka 7 Kilometer.

Wo rasten und nicht rosten?
Auf dem Pfünzer Kirchberg (Kastellberg) mit Felsen und Kreuz. Auf den Wällen des Römerkastells. Am Westtor: Rastplatz mit Tisch und Bank. Auf dem Gipfel des Michelsberges (480,2 Meter). Tiefblick ins Altmühltal. Neben dem Berchfritstumpf der Schloßruine Arnsberg (506,8 Meter). Gesicherte Aussichtsplattform mit faszinierendem Ausblick auf den Altmühlbogen.

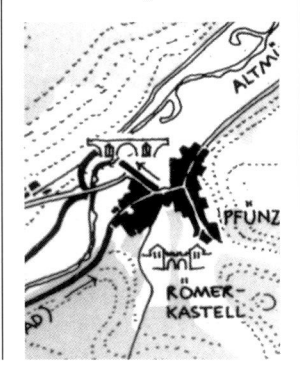

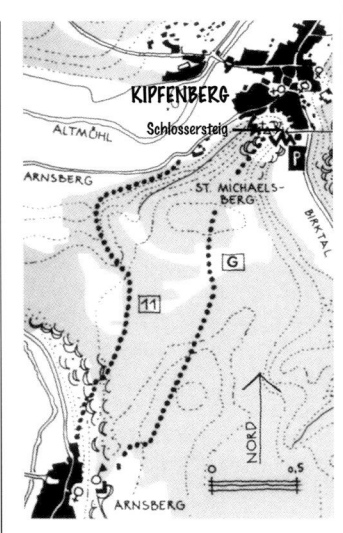

Wie nach Möckenlohe (Villa Rustica)?
Häufiger Busverkehr vom Eichstätter Stadtbahnhof leider nur werktags. Zum Römerfest mit dem Auto über Eichstätt-Adelschlag oder in Verbindung mit dem Pfünzer Kastell über Pietenfeld-Adelschlag.

Zum heil'gen Veit von Staffelstein sind wir empor gestiegen

Die Wichtelmänner auf dem Staffelberg

Die „Querkele" waren blitzgescheite, heil- und kräuterkundige Wichtelmänner, klimperklein und zierlich, sanftmütig und selbstlos zu jedermann. Eine Heimstatt fanden sie in der „Querkeleshöhle", einer Schachthöhle auf dem Staffelberg. Im Lautertal waren sie stets gern gesehene Gäste, standen den Bauern mit Rat und Tat zur Seite, verrichteten Hilfsdienste auf dem Hof, wenn Not am Mann war, und heilten mit Wacholderzweigen Nieren- und Blasenleiden, Gliederreißen und Hexenschuß. Als Naturheilkundige gaben sie Bauersfrauen den Rat: „Eßt Steinobst und Binellen, so wird euch das Herz nicht schwellen."

Die Querkele waren keine Kostverächter. Rohe Kartoffelklöße, eine fränkische Leib- und Magenspeise, aßen sie für ihr Leben gern. Mit Klößen waren sie kaum satt zu kriegen. An den Sonn- und Feiertagen, an denen die Bäuerinnen ihre Klöße kochten, fanden sie sich regelmäßig zur Mittagsmahlzeit ein, halfen beim Kartoffelschälen, beim Kartoffelreiben und beim Auspressen des Kartoffelsaftes mittels eines Leinensackes. Die Bäuerinnen päppelten sie gerne auf, hatten sie doch von den Staffelberg-Zwergen mancherlei Vorteile. Selbige stopften sich ungeniert den Wanst voll und fraßen wie die Scheunendrescher. Ganz Heißhungrige konnten vor der Mittagstafel der Lockung der goldbraun gerösteten „Bröckela", die später beim Formen der Klöße in den Kloßkern gesteckt wurden, nicht widerstehen. Sie grapschten mit langen Fingern nach den begehrten Röstwürfeln in der heißen Pfanne. In ihrer Eßgier stahlen sie mitunter, schwuppdiwupp, einen Kloß aus dem Kochtopf. Oft waren die Augen größer als der Magen. Eine Bauersfrau, als Geizdrachen verschrieen und dieserhalb dorfbekannt, kam den Unersättlichen auf die Schliche. Sie zählte ihre Klöße, bevor sie in den Kochtopf eingelegt wurden. Die zartbesaiteten Querkele spürten, daß sie von der Bauersfrau stiefmütterlich behandelt wurden. Gekränkt mieden sie fortan die Frau mit den zugeknöpften Taschen und alle menschlichen Siedlungen rund um den Staffelberg. Die Freude an ihrer wohnlichen Höhle war ihnen ein für allemal vergällt. Noch in der gleichen Nacht rafften die Zwerge ihr Hab und Gut zusammen, stiegen bei Stockfinsternis mit Sack und Pack hinunter ins Maintal, trommelten den Fährmann bei Hausen aus dem Schlaf und ließen sich über den Main setzen. Mit einem „Vergelt's Gott" der Wichtel mußte sich der Fährmann zufriedengeben. Keuchend und kraftlos zogen sie den steilen Banzer Berg hinauf. Keiner verlor ein Wort. Im Banzer Wald verschwanden sie auf Nimmerwiedersehen. Eine Staffelberg-Brauerei im Lautertal, die mit Bergquellwasser ein dunkles, süffiges Landbier braut, hat den trinkfesten Fabelwesen auf ihren Bierfilzen ein Denkmal gesetzt.

Querkelesloch, Staffelberg

Der Sonntagsausflug

„Wo sind denn die Zwerge hingezogen, wo es doch so stockfinster war?" will Anna wissen. Nach einer Denkpause findet sie selbst des Rätsels Lösung: „Ich weiß es. Die haben dann eine neue Höhle gebaut, irgendwo, und haben sie so zugebuddelt, daß kein Mensch sie finden kann." Die Behausung der Staffelbergzwerge wird eingehend besichtigt. Abfall im Halbdunkel der Höhle: Bier- und Coladosen, Plastiktüten und Papiertaschentücher. Mißbrauch als Freilufttoilette. Haben da die Zwerge ihren Aa gemacht? „Gell, Opa, die Zwerge tragen rote Mützen?" dokumentiert Ferdinand unwiderleglich, „wie bei den Gartenzwergen." Anna findet es unmöglich, daß die Bäuerin, die ein Geizdrachen gewesen ist, ihre Klöße im Kochtopf gezählt hat. „Die Zwerge hatten doch großen Hunger von der Arbeit, wenn sie der Bäuerin halfen." Die „Linden-Grabstätte" in der Victor-von-Scheffel-Straße (vis-à-vis des Friedhofes) ist Treffpunkt aller Staffelbergpilger. Bahnfahrer laufen die Bahnhofstraße vor, schwenken am Rathaus (Bürgerstolz der Staffelsteiner!) links ab, schlendern die Lichtenfelser Straße hoch (Fachwerkhäuser!) bis zur Einmündung der Victor-von-Scheffel-Straße. Hinweisschilder: Romansthal, Friedhof, Staffelberg. Bäume wachsen nicht in den Himmel. Nicht alle Bäume werden Riesen. Die Staffelsteiner Linde wurde riesengroß. Immerhin erreichte sie die stattliche Höhe von 25 Metern und einen Leibesumfang von 24 Metern. Das will etwas heißen. Gepflanzt wurde sie nach der Kaiserkrönung Karls des Großen. Über 1000 Jahre hatte sie auf dem Buckel, bevor sie in Agonie fiel. Narben im Rindenbild, sterbliche Überreste, signalisieren Ereignisse, deren Folgen im Holz Spuren hinterließen. Eine Holztafel erzählt die Vita eines vor Vitalität strotzenden Baumriesen.

Auf den ersten Blick nimmt der Berg deine Sinne gefangen. Nur von ganz unten gedeiht die wahre Staffelbergliebe. Wie eine Sphinx aus griesgrauem Dolomit thront der Berg über dem Maintal. Zum Greifen nahe. Die Crux: Beachtliche 250 Höhenmeter müssen überwunden werden.

Bevor die Kinder, fünf an der Zahl, in Aktion treten, erzähle ich die Sage von dem Riesenfisch im Bauch des Staffelberges.

„Paßt auf Kinder! Wir sind heute richtige Bergsteiger. Wir besteigen einen hohen und berühmten Berg. Der ist noch höher als die anderen Berge ringsum. Er heißt Staffelberg und ist bekannt im ganzen Frankenland. Er wurde so getauft, weil er wie eine Treppe gebaut ist, von Stufe zu Stufe, von Staffel zu Staffel, von Erdschicht zu Erdschicht. Die oberste Stufe ist weiß, mehr weißgrau als weiß. Sie trägt den Namen „Weißer Jura" und besteht aus Felsen, und Höhlen. Die unterste Stufe ist braun, maikäferbraun, und wird „Brauner Jura" genannt.

Hört weiter gut zu! Wo heute der Staffelberg in die Höhe ragt, war vor vielen Jahren ein großes Meer. Eine Riesenüberschwemmung, würde Anna sagen. Der Staffelberg hat dieses Meer nie gesehen. Er ist viel jünger als das Jurameer. Das Meer ist längst verschwunden. Doch tief im Innern des Berges ist ein großer See übriggeblieben. In diesem See lebt seit urdenklichen Zeiten ein Fischungeheuer, ein Mordsviech, das kaum Platz im Wasser findet. So riesengroß ist der Fisch, daß er sich zusammenkrümmen und seinen Schwanz im Maul halten muß. Sollten den Fisch eines schönen Tages die Kräfte verlassen, so müßte er seine Schwanzflosse loslassen, und mit einem einzigen Schlag seines Schwanzes gäbe es ein kleines Erdbeben und danach eine große Sintflut. Die Menschen würden ersaufen, und das Meer wäre wieder da, dort, wo es früher einmal war."

Meine Zuhörer spitzen die Ohren. Nicht alles nehmen sie für bare Münze, was ich ihnen am frühen Morgen auftische. Bedenken kommen auf. Merkwürdiges bleibt ungeklärt. Vielleicht ein typischer Fall von denkste?

„Wohl auf die Luft geht frisch und rein, wer lange sitzt, muß rosten ..." Den „allersonnigsten Sonnenschein" läßt uns leider der Himmel heute nicht kosten. Wolkenschieber ist ein flacher Tiefausläufer. Die Kinder sind voller Ungeduld. Wie aus der Pistole geschossen stürmen sie los, entwickeln eine affenartige Geschwindigkeit. Ich bremse, warne die Leicht- und Schnellfüßigen: Laßt es langsam angehen! Spielt ein wenig Schneckenpost, sonst habt ihr später keine Puste mehr. Ein Sammelsurium von Wegemarkierungen zu Beginn des „Staffelberg-Weges" verwirrt den Bergwanderer: Main-Donau-Weg, Höhenweg, Südweg, Mainwanderweg und Karlssteig. Ein großes, blaues „M" speichern wir in unserem Kurzzeitgedächtnis" Merkzeichen zum 539 Meter hohen Gipfel. Fußgängerbrücke über die Autobahn. Autoströme unter uns, die irgendwelchen Zielen entgegenfließen. Blechlawinen. Unmerklich ansteigend die Terrassenfläche des Berges. Eine geologische Treppe vom Braunen Jura über den Eisensandstein, den Werkkalk bis zum Riffkalk der Gipfelfelsen. Beidseits des Weges

Hangwiesen mit eingestreuten, hochstämmigen Obstbäumen. Erste Schnaufpause am Kriegerdenkmal (rechter Hand). Was ist das eigentlich- ein Krieg? Gegenseitiges Totschießen, Abschlachten, Massakrieren, Gefangennehmen? Deutsche gegen Franzosen, Engländer, Italiener, Serben, Russen und Amerikaner und umgekehrt. Erklär das deinen Enkeln. Wieso wurden die Weltkriege numeriert? Die Kinder zählen die Gefallenen: 37 Staffelsteiner fielen im Ersten Weltkrieg. Wozu? Wofür? „Für Gott, Kaiser und Vaterland!"
Hohlwegeinschnitte. Holzbohlentreppenweg steil bergauf. Der Wald endet an einer scharfen Hangkante. Zur Linken kannst du in die Tiefe und in die Weite sehen. Schloß Banz als Blickfang. Johann Dientzenhofer läßt grüßen. Der Riesenfisch beschäftigt die Gemüter, sorgt für Gesprächsstoff. Er läßt die Mühsal des Aufstieges schnell vergessen. Wie groß ist der Fisch? Von dem Busch hier bis zu dem Busch dort? Welche Farbe hat er? Hast du den Fisch schon gesehen? Im Kreuzfeuer der Kinderfragen muß ich Farbe bekennen, Christoph bringt das Problem auf den Punkt: „Und wenn der Riesenfisch seinen Schwanz heute losläßt?" Ich beschwichtige: „Nein, das kann nicht passieren. Da brauchst du keine

Loffelder Kreuz, Staffelberg

Angst zu haben. Heute nicht, morgen nicht und übermorgen auch nicht. Darauf Anna: „Und überübermorgen?" „Dann auch nicht. Der Fisch ist noch jung und hat Bärenkräfte."
Mäßig ansteigendes Gelände beschleunigt unsere Schritte. Buschgesäumte Höhenwiesen. Grünes Warnschild mit schwarzem Greifvogel: Naturschutzgebiet. „Es ist verboten, im Steilhangbereich die Wege oder die markierten Pfade zu verlassen!" Lichte Kiefernbestände unterhalb der Gipfelfelsen. 20 Treppenstufen hoch zum Scheffel-Denkmal, einem verstürztem Gipfelblock.
Wer war dieser Joseph Viktor von Scheffel? Kein Franke, ein Badenser. Am 16. Februar 1826 zu Karlsruhe geboren. Ein ganz Gescheiter, ein Studierter, ein Doktor der Rechtswissenschaft, ein Romanschreiber, ein Dichter und ein Wanderer. Ein Schwermütiger, kein Blaublütiger: Der „Sänger des Oberen Maintales" wurde erst zehn Jahre vor seinem Tod. geadelt. Als er einige Wochen zur Erholung auf Schloß Banz weilte, war er schier begeistert von der Banzer Fossiliensammlung. Ein gut zwei Meter langer Schädel eines Ichtyosauriers (Fischsaurier) hatte es ihm besonders angetan. So entstand das Lied vom traurigen Ende der Saurier:
„Es rauscht in den Schachtelhalmen,
Verdächtig leuchtet das Meer,
Da schwimmt mit Tränen im Auge
Ein Ichtyosaurus daher. "
Wir strecken alle viere von uns, lassen den lieben Gott einen guten Mann sein und summen die erste Strophe des Frankenliedes. Auf geht's! Wer rastet, der rostet. Ein Katzensprung nur bis zum Gipfelplateau. Zurück zum Normalweg. Vorbei an einer

efeuumrankten Felsengrotte der heiligen Adelgundis. Steil aufwärts. Rechts halten! Noch ein „Verstürzling" am Bergweg. Gedenktafel im löchrigen Dolomitfels. Erinnerung an den Weihbischof Melchior Söllner, der Anno Domini 1654, „hingerissen von der Majestät der Gottes Natur", gesagt haben soll: „Dieser Berg ist heilig Ich bin nicht würdig, ihn mit Schuhen zu betreten." Sprach's, legte seine Sandalen ab und stieg als Barfüßler den Berg hinauf. Zur Nachahmung nicht empfohlen!
Martersäule zur Linken. Einmündung des Bergpfades in einen Fahrweg. Letzte Meter zum Berg der Franken. Viele Wege führen nach Rom, und nur wenige Wege führen auf den Staffelberg. Wir sind stolz darauf, die „Direttissima" vom Fuß des „gestaffelten Berges" gemeistert zu haben. Auf dem Bergsattel. Staffelbergklause (seit 1929 gibt es auf dem Staffelberg keine Einsiedler mehr) und Adelgundiskapelle bleiben links liegen. Die heilige Adelgundis, Tochter eines vornehmen Grafen königlichen Geblütes, floh kurz vor ihrem Hochzeitstermin in eine unwirtliche Gegend, ließ ihren Mann Mann sein, und gründete mit ihrem Brautschatz als Anfangskapital ein stattliches Kloster. Stolz tragen die Loffelder Mädchen am Kirchweihsonntag die Statue der heiligen, Adelgundis in feierlicher Prozession zu den vier Kreuzaltären.

Wir ziehen in einer Mini-Prozession am Rande des Magerrasens und der Keltenmauer empor zum Westgipfel, zum Staffelsteiner Kreuz. Dort siehst du „die Lande um den Main" zu deinen Füßen liegen. „Von Bamberg bis zum Grabfeldgau umrahmen Berg und Hügel die breite stromdurchglänzte Au – ich wollt' mir wüchsen Flügel." Was Victor von Scheffel noch nicht besingen konnte: Die Maintalautobahn windet sich, einer Schlange gleich, im lieblichen Maintal. Eine „Giftschlange" in der „stromdurchglänzten Au"! Unmittelbar unter uns die Adam-Riese-Stadt Staffelstein. War das eine Riese, der Adam Riese? Nein, eigentlich hieß er Ries, Adam Ries. Er war ein Rechenmeister und schrieb viele Rechenbücher. Als Kolumbus Amerika entdeckte, wurde er in Staffelstein geboren. Der Ringelpiez am Rande des Plateaus führt zum Schacht der Querkeleshöhle. Abgeschirmt mit Gitter und Gatter das Zwergenloch. Der Schacht als Lichtschleuse und Dunkelkammer.
Ferdinand fragt, ob da unten ein Ungeheuer wohne? Zwei Jungen aus Loffeld, 9 und 15 Jahre alt, Springinsfelde noch, wurden in diesem Loch vom Blitz erschlagen. Durch dieses Loch ist der Blitz hinein. Und wo ist er wieder raus? Kinderleichte Kraxelei, ohne Absturzgefahr, zum Eingang der Grotte. Die Kinder nehmen die Höhle in Besitz, die Erwachsenen in Augenschein. Wie die Wallfahrer von Anno dazumal ziehen wir weiter zum Südgipfel, zum Loffelder Kreuz, führen uns Bier und Spezi in der Staffelbergklause zu Gemüte, werfen einen Blick in die Kapelle und kehren zurück zum tiefsten Punkt des Bergsattels. Holzwegweiser Loffeld-Horsdorf. Main-Donau-Weg und Karlssteig mit dem prägnanten Staffelbergsignet. Acht Steinstufen abwärts. Entbuscht der obere Teil des Gipfelhanges. Der Berg nunmehr mit einer Blöße. Anna und Christoph eilen als Pfadfinder voraus, verharren an einer Gabelung des Pfades. Wie weiter? Links halten! Steil abwärts. Anna unvermutet: „Horch, da hat was geklappert!" Christoph beruhigt, brilliert als Reptilienexperte: „Das kann keine Klapperschlange gewesen sein. Auch keine Kreuzotter. Die Kreuzottern klappern nicht, außerdem halten sie noch ihren Winterschlaf." Nach wenigen Minuten sind wir auf Halbtrockenrasen. Terrassierte Wiesenstreifen von langen Heckenreihen unterbrochen. Hecken aus Hasel, Hartriegel und Weißdorn. Hecken in diesen Höhen als

Reservate für Wildtiere und Pflanzen. Es ist noch früh im Jahr. Die Frühblüher im Buschwerk und Magerrasen, das kleine und das große Windröschen und die seidig behaarten, violetten Glocken der Küchenschelle, auch „Osterglocken" genannt, sind noch nicht aufgewacht.

Stetig bergab. Die Kinder stürmen übermütig hinunter, schlagen Purzelbäume, machen „Rollefäßle. Sonntagsspaziergänger im Gegenverkehr, schweißtriefend und schlapp wie nasse Handtücher. Sie bergauf, wir bergab. Der Weg wird breiter. Niemand kann fehlgehen. Ruhebank mit Infoschild: „Aktionsradius in Hecken lebender Tiere". Straßenunterführung nach Loffeld. Löwentalweg. An der Kirche vorbei und dem Lauterbach entlang.

Nach Überschreitung des „Heiligen Berges" baden die Großen ihre trockene Kehle mit einem dunklen, süffigen und mit Felsquell gebrautem Landbier aus dem „Staffelberg-Bräu" im lieblichen Loffeld, während die Kleinen an einem Spezi nuckeln. Auf ihren Bierfilzen hat die Brauerei den Fabelwesen auf dem Staffelberg ein Denkmal gesetzt. Sie verschwinden als begehrte Souvenirs in den Kinderrucksäcken der Zwergenliebhaber. Der Wanderer muß keinen Kohldampf schieben. Wie wärs im „Bräustübl", gleich hinter dem schmucken Fachwerkbau des alten Schulhauses, mit einer „Loffelder Kartoffelsuppe", dazu ein fränkisches Krenfleisch mit Preiselbeeren und rohen Klößen, im Kloßkern natürlich die gerösteten „Bröckela". Oder mit einer frischgebratenen Flugentenbrust mit Wirsing und rohen Klößen oder mit einem kleinen halben Karpfen im Bierteig gebacken und anderen fränkischen Leckerbissen. Die „Loffelder Klöß" aus rohen Kartoffeln stellen Produkte verwandter Art weit in den Schatten. Ferdinand verspachtelt gleich drei an der Zahl. Als Krönung unserer Staffelberg-Tour d'horizon bade ich Stunden später (der Omnibusverkehr Lautertal macht's möglich!) warm und wohlig im Salzwasser eines Urmeeres, das aus 1600 Meter Tiefe sprudelt, wechsle vom Warmsprudelbecken (36 Grad) ins eiskalte Kneippbecken (drei bis 14 Grad) und fühle mich wie ein Fisch im Wasser. Badegäste „schweben" im Bewegungsbecken mit Lichtergrotte und Wasserfall an mir vorüber. Das salzhaltige Wasser (salzhaltiger als das Mittelmeer!) trägt sie alle. Nicht nur die Gertenschlanken und Geschmeidigen, die Knochigen und Klapperdürren, auch die Kugelrunden, die Posaunenengel und Pummelchen. Aufgeräumt und guter Dinge das Badevölkchen, so, als wäre es mit der heilkräftigen Sole aller Sorgen ledig.

Für Kinder unter sechs ist die Obermain-Therme „off limits". Von sechs bis zehn nur mit ärztlichem Attest! Vermutlich ist die konzentrierte Thermalsole zu aggressiv. Die Eltern vergnügen sich derweilen mit ihren wassersüchtigen Sprößlingen im Schwimmbad gleich neben dem Thermalsolbad. Das Hallenbad wird Ende 2000 geschlossen. Ein neues und schöneres soll andernorts für die Staffelsteiner gebaut werden. Heißer Tip zur Hochsommerzeit: Schwimmen in einem großen Baggersee westlich von Staffelstein (Strandbad), dabei die Weite des Wassers und der Landschaft in vollen Zügen genießen.

Stunden später. Abendlicher Bummel über den Staffelsteiner Marktplatz, Bürgerstolz manifestiert im dreigeschossigen Rathaus. Drumherum reichverziertes fränkisches Fachwerk vom Allerschönsten: geschwungene und genaste Andreaskreuze, Rautenfigurationen und Viertelkreise. Prunkstücke der Stadt mit ausgewogenen Proportionen, zwar gealtert, aber trotzdem schön. Vor allem Bamberger Straße 1 (Gasthof Adam Riese), Marktplatz Nummer 3 (Raiffeisenbank), Nummer 6 (Apotheke), Nummer 8 (Ultsch-Haus) mit der Mutter Gottes aus Holz. Hier ist die Zeit auf Urlaub gegangen. Ausgelöschte Gegenwart, heraufbeschworene Vergangenheit, aufdringlich, hautnah. Inschrift in einem Fachwerkfeld des Hauses Marktplatz Numero 3. Des Volkes Stimme unüberhörbar.
VERTRAV DEIN HEIMLICHKEIT
NIT JEDERMANN AVFF ERDEN
ES KANN DEIN BESTER FREVND
DEIN ERGSTER FEIND NOCH WERDEN

Der Pfiffikus

Adam Riese
Berühmter Rechenmeister und „Vater der Rechenkunst", 1492 in Staffelstein geboren. Nutzte die indische Null für das „Zehnersystem" (Dezimalsystem). Verfasser des ersten deutschen Rechenbuches, Erfinder der „Neunerprobe", einer Rechenkontrolle mit Hilfe des Andreaskreuzes. Mahnte wiederholt, das kleine 1 x 1 auswendig zu lernen. Kannst du es?

Küchenschelle
Ursprünglich „Kuhschelle", später „Kühchenschelle", dann Küchenschelle, im Volksmund auch „Osterglocke". Blüht Ende März bis Anfang Mai. Die seidig behaarte Blüte nickt oft bei trübem Wetter. Liebt Trocken- und Halbtrockenrasen. Kommt meist in kleineren Rudeln vor. Ist giftig und geschützt!

Ichthyosaurier
(Fischsaurier). Ausgestorbene, bis zu 15 Meter lange Echsen, die sich dem Leben im Meer angepaßt hatten (fischförmiger Körper!). Die Fingerglieder dienten als Ruder. Der nach unten abgeknickte Schwanz mündete im unteren Teil in einer zweiästigen Schwanzflosse (Antriebsorgan beim Schwimmen). Ein gut 2 Meter langer Ichthyosaurier-Schädel ist das Prachtstück der Fossiliensammlung auf Schloß Banz.

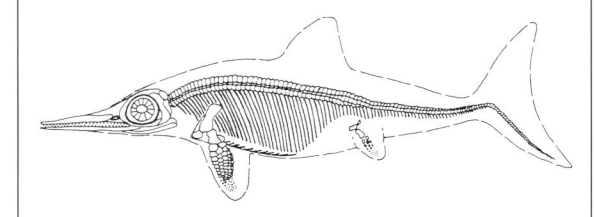

Der Elternkompaß

Was am Wegrand?
Der Staffelberg als „fränkischer Rigi". Erdgeschichtliches Bilderbuch mit zahlreichen Versteinerungen (Ammoniten) auf den Kalkscherbenäckern. Die Adelgundis-Kapelle auf dem Berg mit dem „Heiligen Grab" zur Passionszeit.
Die Adam-Riese-Stadt Staffelstein mit einem historischen Rathaus, prächtigen fränkischen Fachwerkhäusern und der „Obermain-Therme". Die Wallfahrtskirche Vierzehnheiligen von Balthasar Neumann und Schloß Banz von Johann Heinrich Dientzenhofer. Das Lautertal mit sechs Brauereigasthöfen. Der Kemnitzenstein unweit von Kümmersreuth als Kletterparadies für jung und alt.

Wann am besten?
Im Vorfrühling Frühblüher im Buschwerk. Im Spätfrühling reichhaltige und farbenbrächtige Flora an den Staffelberghängen. Im Spätherbst Farbenrausch der Laubwälder. Heiß im Hochsommer.

Wie sich orientieren?
Das „Schöne-Wochenende-Ticket" der Deutschen Bahn AG kaufen! Bahnstation: Staffelstein (DB Kursbuchnummer 820). Omnibuslinienverkehr im Lautergrund (Omnibusverkehr Hetzel, Loffeld). Wichtig für den Rücktransport nach Staffelstein.
Wanderstrecke: zirka 6 Kilometer ab Friedhof; 8 Kilometer ab Bahnhof. Steilaufstieg zum Staffelberg-Gipfelplateau und Steilabstieg nach Loffeld. Richtzeiten für die Staffelberg-Direttissima (ab Friedhof): Eine Stunde für Trödelphilippe und Schleppfüßige, 45 Minuten für Leichtfüßige. Nicht vergessen: Der Staffelberg ist Naturschutzgebiet!
Beste Karte: Topographische Karte 1:25 000, Blatt 5932 Ützing.

Wo rasten und nicht rosten?
Auf den Dolomitfelsen des Westgipfels. Faszinierende Schau in „die Lande um den Main". Mehr Ruhe und weniger Massenbetrieb an Schönwettersonntagen auf dem Südostgipfel. In der Staffelberg-Klause. In den Wintermonaten nur an Wochenenden geöffnet! Höheneinsamkeit und Weltverlorenheit auf den terrassierten Mähwiesen des Südhanges mit langen Heckenreihen.

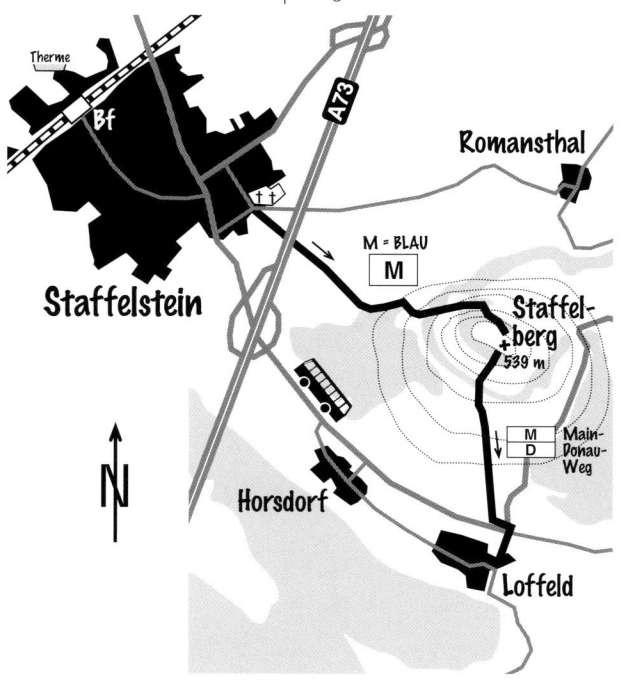

Staffelberg-Westgipfel

Steckbriefe

Max Schäfer
wurde 1924 in Coburg geboren. In Nürnberg studierte er Wirtschafts- und Sozialwissenschaften: Diplom-Kaufmann, Diplom-Handelslehrer, Dr. oec., Studiendirektor an einer Nürnberger Wirtschaftsschule. Erfolgreicher Jugend- und Sachbuchautor. Drei Bücher auf der Bestenliste zum Deutschen Jugendbuchpreis. Er schätzt Reisen als „verdoppeltes Leben" und die letzten unwirtlichen Räume der Natur, wie er sie in Alaskas ungezähmter Wildnis gefunden hat. In der „Fränkischen" (Schweiz), die er in- und auswendig kennt, lernte er das Klettern, das Kajakfahren und das Höhlenbefahren. Seit 1964 wohnt er im pegnitzfränkischen Lauf. Er liebt Berge und Bücher, Skilaufen und Kajakwandern, Höhlen im fränkischen Karst, aber auch das Fitlaufen im Sebalder Wald unmittelbar vor seiner Haustüre.

Bücher:
1972 Die Mächtigen der Wirtschaft
1974 Spiel mit dem Risiko
1976 Wo die Welt noch wild ist
1978 Durch Strudel und wilde Wasser
1980 Handbuch für Abenteuerreisen
1982 Alaska, Reisen in eine ungezähmte Wildnis
1983 Lauf, Pegnitzfränkische Ansichten (mit Lajos Keresztes als Fotograf)
1984 Die schönsten Wanderungen – rechts und links der Pegnitz
1985 – rechts und links der Wiesent
1987 – rechts und links der Altmühl
1988 – rechts und links des Oberen Mains
1989 – rund um Nürnberg
1991 Wandern mit Kindern im Frankenjura
1994 4. Auflage „rechts und links der Pegnitz"
1995 2. Auflage „rund um Nürnberg"
1996 3., aktualisierte, neu gestaltete und stark erweiterte Auflage „rechts und links der Wiesent"
1999 3. aktualisierte, neugestaltete und stark erweiterte Auflage „Mit dem VGN-Ticket in der Rucksacktasche: Wandern mit Kindern im Frankenjura"

Der Autor

Die Mitläufer

Ich heiße Anna und bin fünf Johre alt. Von Kopf bis Fuß messe ich genau 110 Zentimeter. 19 Kilo bringe ich auf die Waage. Ich liebe Teddybären, Gummibären, Skilaufen und Radfahren ohne Hilfsräder. Ich habe noch zwei Brüder, die mir manchmal Kopfzerbrechen bereiten, weil sie nicht immer das tun, was ich gerne möchte. Auf Wanderungen mache ich am liebsten Brotzeit.

Ich heiße Ferdinand und bin dreieinhalb Jahre alt, 102 Zentimeter groß und 17 Kilo schwer. Ich liebe Autos, Traktoren und Tiere. Am liebsten spiele ich mit meiner Schwester, weil sie gute Einfälle hat. Mit meinem kleinen Bruder streite ich oft, weil er stets das haben möchte, was ich gerade in der Hand halte. In einer Höhle gefallen mir besonders die vielen Löcher.

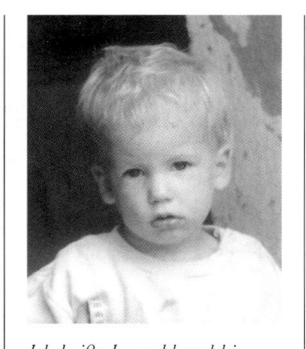

Ich heiße Leopold und bin zwei Jahre jung, 89 Zentimeter klein und 13 Kilo leicht. Meine Bilderbücher wiegen 2 Kilo, weil sie noch aus Pappe sind. Ich liebe Werkzeuge, besonders Bohrer, Hammer und Schraubenzieher. Was mein Bruder vormacht, mache ich nach. Ich bin der Kleinste zu Hause und der Größte unterwegs, weil ich in der Kraxe sitze.

Hoch hinaus auf dem Höhenglücksteig